Ninja Foodi Smart XL Grill Kochbuch für Einsteiger

Schnelle, einfache und leckere Ninja Foodi Grill Rezepte für Indoor-Grillen und Luftfritieren

Kentan Graden

© Copyright 2021 Kentan Graden - Alle Rechte vorbehalten.

Kein Teil dieses Dokuments darf in irgendeiner Weise reproduziert, vervielfältigt oder übertragen werden, weder elektronisch noch in gedruckter Form. Die Aufzeichnung dieser Publikation ist strengstens untersagt, und jede Speicherung dieses Materials ist nur mit schriftlicher Genehmigung des Herausgebers gestattet. Alle Rechte vorbehalten.

Die hier zur Verfügung gestellten Informationen sind wahrheitsgetreu und konsistent, so dass jegliche Haftung in Bezug auf Unachtsamkeit oder anderweitig durch die Verwendung oder den Missbrauch der hierin enthaltenen Richtlinien, Prozesse oder Anweisungen in der alleinigen und vollständigen Verantwortung des empfangenden Lesers liegt. Unter keinen Umständen kann der Herausgeber für irgendwelche Wiedergutmachungen, Schäden oder finanzielle Verluste, die direkt oder indirekt auf die hierin enthaltenen Informationen zurückzuführen sind, haftbar gemacht werden.

Die jeweiligen Autoren besitzen alle Urheberrechte, die nicht beim Verlag liegen.

Rechtlicher Hinweis:

Dieses Buch ist urheberrechtlich geschützt. Es ist nur für den persönlichen Gebrauch bestimmt. Sie dürfen den Inhalt dieses Buches nicht ohne die Zustimmung des Autors oder des Urheberrechtsinhabers verändern, verbreiten, verkaufen, verwenden, zitieren oder paraphrasieren. Bei Zuwiderhandlung werden rechtliche Schritte eingeleitet.

Hinweis zum Haftungsausschluss:

Bitte beachten Sie, dass die in diesem Dokument enthaltenen Informationen nur zu Bildungs- und Unterhaltungszwecken dienen. Es wurden alle Anstrengungen unternommen, um genaue, aktuelle und zuverlässige, vollständige Informationen bereitzustellen. Es werden keine Garantien jeglicher Art ausgesprochen oder impliziert. Der Leser nimmt zur Kenntnis, dass der Autor keine rechtliche, finanzielle, medizinische oder professionelle Beratung anbietet.

Durch das Lesen dieses Dokuments erklärt sich der Leser damit einverstanden, dass wir unter keinen Umständen für direkte oder indirekte Verluste verantwortlich sind, die durch die Verwendung der in diesem Dokument enthaltenen Informationen entstehen, einschließlich, aber nicht beschränkt auf Fehler, Auslassungen oder Ungenauigkeiten.

Inhaltsverzeichnis

Einführung 5	Steak & Kartoffeln 26
Kapitel 1: Ein Überblick 6	Barbecue-Rindfleisch Short Ribs 27
Was ist der Ninja Foodi Smart XL Grill? 6	Italienische Frikadellen 28
Was sind seine Merkmale und Funktionen? 6	Rinderbraten mit Chimichurri 29
Tipps für den Einstieg 7	Knoblauchsteak mit Sahnemeerrettich 31
Tipps & Tricks zum Kochen 7	Steak mit Parmesankruste 32
Tipps zur Pflege und Wartung 9	Kapitel 4: Schweinefleisch-Rezepte 33
Kapitel 2: Frühstücksrezepte 11	Gegrilltes Schweinefilet mit Gemüse .. 33
Kartoffel-Ei-Auflauf 11	Gebratene Schweineschnitzel & Kartoffeln 35
Frühstückstörtchen 12	Schweinefleisch-Sandwich 36
French Toast Sticks 13	Schweinefilet im Speckmantel 38
Frühstücksauflauf 14	Wurst & Paprika 39
Quiche 15	Mit Honig glasierter Schinken 40
Frühstücks-Burrito 16	Bratwürste 41
Avocado-Toast 17	Aprikosen-Schweinekoteletts 42
Buttermilch-Pfannkuchen 18	Panierte Schweinekoteletts 43
Gebackene Käse-Eier 19	Schweinelende 44
Wurstpasteten 20	Kapitel 5: Hähnchen-Rezepte 45
Kapitel 3: Rindfleisch-Rezepte 21	Honig-Senf-Hähnchen 45
Gegrilltes Steak mit Spargel 21	Würziges Ranch-Brathuhn 46
Cheeseburger 22	Zitronen-Senf-Hähnchen 47
Gegrilltes Steak & Salat 23	Gebratenes Hähnchen mit Kräutern . 48
Schmorbraten 24	Huhn Teriyaki 49
	Cajun-Huhn 50

Paprika-Huhn ... 51	Kräutern ... 75
Gefülltes Hähnchen mit Kräutern & Frischkäse ... 52	Kürbis mit Thymian & Salbei ... 76
Honig-Sriracha-Hühnchen ... 53	Knoblauch-Möhren ... 77
Grillhähnchen ... 54	Zucchini-Beignets ... 78
	Büffel-Blumenkohl ... 79

Kapitel 6: Fisch- und Meeresfrüchte-Rezepte ... 55

Kapitel 8: Snack- und Vorspeisenrezepte 80

Mahi & Salsa ... 55	Taco-Tassen ... 80
Shrimp Tacos ... 57	Maisbeignets ... 81
Lachs mit Zitrone & Dill ... 59	Knoblauchbrot ... 82
Zitronen-Senf-Fisch ... 61	Peperoni-Pizza ... 83
Shrimp Bang ... 62	Ziegenkäsetörtchen mit Tomaten ... 84
Gebratene Muscheln ... 63	Mozzarella-Häppchen ... 85
Shrimp Tempura ... 64	Pikante Kichererbsen ... 86
Knoblauch-Butter-Garnele ... 65	Naan Pizza ... 87
Schwertfischfilet mit Salsa ... 66	Chili-Käse-Pommes ... 88
Thunfisch-Burger ... 67	Gebackene Kartoffelröllchen ... 89

Kapitel 7: Gemüserezepte ... 69

Kapitel 9: Dessert-Rezepte ... 90

Kürbis mit Ahornglasur ... 69	Apfelkuchen ... 90
Veggie-Fladenbrot ... 70	Apfelkuchen ... 92
Mexikanischer Mais ... 72	Butterkuchen ... 93
Gebratene Kartoffeln & Spargel ... 73	Schokoladen-Chip-Kekse ... 94
Zitronen-Pfeffer-Rosenkohl ... 74	Blondies ... 95
Gebratene Balsamico-Tomaten mit	**Kapitel 10: 30-Tage-Mahlzeitenplan ... 96**
	Fazit ... 102

Einführung

Elektrogrills für den Innenbereich könnten leicht zu jedermanns Lieblingsgeräten aller Zeiten gehören. Stellen Sie sich vor, Sie verabschieden sich von der Aufregung im Freien und bringen das sonnige Grillerlebnis nicht nur im Sommer, sondern das ganze Jahr über nach drinnen.

Diese Küchenhelfer gibt es in zwei Ausführungen: den Kontaktgrill und den offenen Grill. Der Kontaktgrill sieht aus wie eine Sandwichpresse, die Lebensmittel direkt von zwei Seiten gart. Der offene Grill hingegen ähnelt einer elektrischen Grillplatte mit Rillen.

Elektrogrills für den Innenbereich sind nicht nur bei ungünstigen Wetterverhältnissen beliebt. Sie sind auch ein großer Hit bei denjenigen, die in Wohnungen und Eigentumswohnungen mit begrenztem Platz zum Grillen und zur Bewirtung einer großen Gruppe von Besuchern leben.

Die Verwendung eines Elektrogrills für den Innenbereich gilt auch als sicherer und gesünder, da er die Gefahren des Grillens im Freien ausschaltet, einschließlich brennender Kohle, übermäßigem Rauch und tropfendem Fett.

Da Multifunktionalität in den letzten Jahren ein Top-Trend bei den meisten Küchengeräten ist, können Elektrogrills für den Innenbereich neben dem authentischen Aussehen, Aroma und Geschmack von gegrillten Lebensmitteln noch weitere Funktionen erfüllen. Die meisten Elektrogrills für den Innenbereich fungieren auch als ein weiteres verrücktes Küchengerät - eine Heißluftfritteuse.

Ein solches vielseitiges Küchengerät ist der Ninja Foodi Smart XL Grill.

Kapitel 1: Ein Überblick

Was ist der Ninja Foodi Smart XL Grill?

Der Ninja Foodi Smart XL Grill ist ein rauchfreier 6-in-1-Tischgrill, der Lebensmittel grillen, frittieren, backen, rösten, grillen und dehydrieren kann. Er wird mit einem 4-Quart-Knusperkorb und einem 6-Quart-Kochtopf geliefert. Die Luftfrittier-Knusperfunktion verbraucht bis zu 75 Prozent weniger Fett im Vergleich zum Frittieren.

Obwohl dieses Modell mit geschlossenem Deckel kocht, kommt nur eine Seite des Grillguts mit dem Grill in Berührung, es handelt sich also um einen offenen Grilltyp.

Was sind seine Merkmale und Funktionen?

Der Ninja Foodi Smart XL Grill verfügt über ein Smart Cook System und eine 500-Grad-Zyklon-Grilltechnologie für gleichmäßig gegarten Ergebnisse.

Vergessen Sie das Rätselraten, ob das Essen verkocht oder übergart ist. Mit dem Smart Cook System genügt ein Tastendruck, um blutiges bis durchgebratenes Fleisch mit Grillspuren und Aromen zu erhalten. Es verfügt über ein Foodi Smart Thermometer mit zwei Sensoren, vier intelligente Einstellungen für Eiweiß und neun Garstufen.

Der Ninja Foodi Smart XL Grill mit 1.760 Watt verfügt außerdem über ein Rauchkontrollsystem, das Rauch effektiv aus der Küche fernhält. Gekoppelt mit einer Kaltluftzone, verfügt er über einen Spritzschutz und einen temperaturregulierenden Grillrost.

Perfekt für Mahlzeiten in Familiengröße. Die XL-Kapazität dieses Modells bedeutet 50 Prozent mehr Essen als die Originalversion des Ninja Foodi Grill. Auf den 9 mal 12 Zoll großen Grillrost passen bis zu sechs Steaks, 24 Hotdogs oder ein Hauptgericht und Beilagen gleichzeitig.

Tipps für den Einstieg

Die Verwendung von Elektrogrills und Luftfritteusen kann einschüchternd sein, wenn Sie sie zum ersten Mal bedienen. Keine Angst, wir haben ein paar Tipps zusammengestellt, die jeder Anfänger kennen sollte. Lesen Sie weiter und lassen Sie sich von uns in kürzester Zeit zum Grillen und mehr bringen.

Geben Sie der Sicherheit immer Vorrang und nehmen Sie sich die Zeit, zuerst die Bedienungsanleitung des Ninja Foodie Smart XL Grills zu lesen, die dem Gerät beiliegt.

Elektrogrills sehen vielleicht nicht so aus, aber sie werden in der Regel während und nach dem Gebrauch heiß. Seien Sie vorsichtig und verwenden Sie Sicherheitswerkzeuge wie Zangen und Ofenhandschuhe beim Umgang mit dem Gerät und den Lebensmitteln.

Stellen Sie den Grill auf eine hitzebeständige Oberfläche und lassen Sie an allen Seiten mindestens 5 Zoll Platz für eine ausreichende Luftzirkulation. Stellen Sie ihn auch nicht in der Nähe von Wasser auf, um elektrische Schläge zu vermeiden.

Lassen Sie das Gerät ein paar Minuten vorheizen, bevor Sie das Grillgut einlegen. Durch das Vorheizen erreicht der Grill die richtige Temperatur, die Ihnen ein gleichmäßig gegartes und schön gegrilltes Ergebnis liefert. Durch das Vorheizen wird außerdem eine verlängerte Garzeit und ein Anhaften des Grillguts am Rost vermieden.

Fetten Sie den Grill und den Korb leicht ein, auch wenn sie antihaftbeschichtet sind. Vermeiden Sie jedoch Kochsprays aus der Sprühdose, da diese das Gerät beschädigen können. Wir empfehlen eine normale Küchensprühflasche, die Sie mit einem Öl Ihrer Wahl füllen.

Tipps & Tricks zum Kochen

Der Ninja Foodi Smart XL Grill ist praktisch wie ein Umluftofen. Sie können fast alles darin zubereiten. Mit der Airfryer-Funktion können Sie normale Pfannen zum Backen verwenden. Von Kuchen und Brownies bis hin zu Doughnuts und Torten - aber achten Sie darauf, dass die Ware schnell braun wird.

Sie können hartgekochte Eier auch direkt in der Heißluftfritteuse kochen. Das würde etwa 15 Minuten dauern.

Versuchen Sie, Gemüse wie z. B. Brokkoli in Pergamentpapier eingewickelt zu grillen. Auf diese Weise erhält das Gemüse die gleiche Textur wie beim Dämpfen, aber mit einem Hauch von verkohltem Geschmack.

Die Heißluftfritteuse ist auch perfekt zum Rösten von Nüssen geeignet. Der Garprozess dauert an, bis die Nüsse aus der Fritteuse entnommen werden, nehmen Sie sie also etwas früher heraus.

Gefrorene Lebensmittel können auch direkt in Ihrem Ninja Foodi Smart XL Grill gegart werden, ohne sie vorher aufzutauen.

Verabschieden Sie sich von faden und matschigen Speiseresten - von Brathähnchen und Lachs bis hin zu Pizza und Gemüse. Erhitzen Sie sie in der Heißluftfritteuse, damit sie beim zweiten Mal (oder öfter) knuspriger werden.

Weniger ist mehr, wenn es um Öl geht, um die perfekte Knusprigkeit zu erreichen. Fetten Sie zu viel, und Sie erhalten durchnässte statt schmackhafte, gleichmäßig gekochte, knusprige Ergebnisse. Neutrale Öle wie Raps- und Pflanzenöl eignen sich aufgrund ihres hohen Rauchpunkts am besten zum Grillen. Diese fügen dem Grillgut auch keinen unerwünschten Geschmack zu.

Heben Sie das restliche Fett in der Pfanne für spätere Pfannensaucen und Bratensoßen auf.

Trotz seiner Größe sollten Sie es sich zur Gewohnheit machen, mit Ihrem Ninja Foodi Smart XL Grill in Chargen zu kochen. Zu viele Speisen behindern die Zirkulation der heißen Luft im Inneren und beeinträchtigen dadurch die Knusprigkeit und den Gargrad der Speisen. Größere Fleischstücke wie Schweinekoteletts, Hähnchenkoteletts, Steaks, Burger und Fischfilets sollten in einer einzigen Schicht angeordnet und nicht übereinander gestapelt werden.

Schütteln Sie den Korb von Zeit zu Zeit, um sicherzustellen, dass alles im Korb gleichmäßig gegart und gebräunt wird.

Verwenden Sie das Foodi Smart Thermometer, um den Gargrad von Fleisch genau zu prüfen. Dies hilft nicht nur, ein Überkochen zu verhindern, sondern stellt auch sicher, dass das Essen ausreichend gegart und sicher zum Verzehr ist.

Verwenden Sie Öl, um Ihre Gewürze zu beschweren und an das Gargut zu kleben. Die Luftzirkulation im Gerät kann leichte Partikel wie Gewürze während des Garens wegblasen. Sie können dies vermeiden, indem Sie Gewürze mit Öl mischen, bevor Sie die Speisen damit bestreichen.

Wenn Sie mariniertes Fleisch zubereiten, lassen Sie es zunächst auf einem Abkühlgitter ruhen, damit die überschüssige Flüssigkeit ablaufen kann. Im Gegensatz zu Grills im Freien lassen Innenraumgrills die Flüssigkeit nicht so gut ablaufen. Dieser zusätzliche Schritt erspart Ihnen also das Reinigen von Marinaden, die über Ihren Tresen getropft sind.

Tipps zur Pflege und Wartung

Bei richtiger Pflege und regelmäßiger Wartung wird Ihr Elektrogrill sicherlich jahrelang oder sogar ein Leben lang halten. Es ist wichtig, das Gerät zu reinigen, nicht nur um es in tiptopem Zustand zu halten, sondern auch aus Gründen der Lebensmittelsicherheit.

Ein sicheres Zeichen dafür, dass Ihr Elektrogrill gereinigt werden muss, ist, wenn Sie während des Grillens Rauch aus dem Gerät aufsteigen sehen. Das ist ein Zeichen für eine Ölablagerung. Aber die Reinigung eines Elektrogrills ist so einfach, dass Sie nicht warten müssen, bis der Rauchmelder Alarm schlägt, bevor Sie aktiv werden.

Wenn Sie den Grill täglich oder nach jedem Gebrauch reinigen, vermeiden Sie die Ansammlung von Lebensmittelresten im Grill. Stellen Sie sicher, dass das Gerät ausgeschaltet und ausgesteckt ist, und lassen Sie es einige Minuten abkühlen. Es wäre einfacher, den Rost zu reinigen, solange er noch etwas heiß ist, also seien Sie vorsichtig.

Das Gerät selbst, der Korb und die Abtropfschublade müssen gründlich gereinigt werden. Die abnehmbaren Teile sind spülmaschinengeeignet, das Gerät selbst jedoch nicht.

Der Ninja Foodi Smart XL Grill wird mit einer Reinigungsbürste geliefert, mit der Sie Essensreste und Krümel loswerden können. Verwenden Sie niemals minderwertige Stahlteile, um Essensreste von der Oberfläche des Grills zu kratzen.

Eine Grillbürste mit Edelstahlgriff wäre eine gute Investition, um Ihren Elektrogrill sauber zu halten. Sie können auch einen feuchten Schwamm und milde Seife verwenden, um hartnäckige Flecken zu entfernen.

Trocknen Sie den Elektrogrill nach der Reinigung mit einem Papiertuch oder einem weichen Küchentuch ab, um einen elektrischen Schlag zu vermeiden.

Wenn das Gerät und alle abnehmbaren Teile vollständig getrocknet sind, können Sie den Grill mit etwas Öl bestreichen, um ihn in einem optimalen Zustand zu halten.

Halten Sie den Deckel fest geschlossen, wenn das Gerät nicht in Gebrauch ist, um zu vermeiden, dass sich kleinste Partikel wie Staub in der Pfanne ansammeln. Das Fett kann auch Ungeziefer anziehen.

Um die spätere Reinigung zu erleichtern, verwenden Sie für Gegenstände mit schweren Beschichtungen ein Blatt Pergamentpapier oder Alufolie. Achten Sie darauf, dass die Lebensmittel schwer genug sind, um das Blatt zu beschweren, da sie durch die heiße Umluft herumfliegen können.

Kapitel 2: Frühstücksrezepte

Kartoffel-Ei-Auflauf

Zubereitungszeit: 10 Minuten
Kochzeit: 25 Minuten
Portionen: 4

Zutaten:

- 5 Eier
- ¼ Tasse Milch
- Salz und Pfeffer nach Geschmack
- Kochspray
- 2 Würste, gekocht und in Scheiben geschnitten
- 1 Tasse Cheddar-Käse, geraspelt
- 1 Pfund gefrorene Tater Tots

Methode:

1. Heizen Sie Ihr Gerät vor, indem Sie auf bake drücken.
2. Stellen Sie ihn für 3 Minuten auf 390 Grad F ein.
3. Verquirlen Sie in einer Schüssel die Eier und die Milch.
4. Mit Salz und Pfeffer würzen.
5. Besprühen Sie eine kleine Backform mit Öl.
6. Geben Sie die Eiermischung in die Pfanne.
7. Zum Gerät hinzufügen.
8. Kochen Sie 5 Minuten lang.
9. Legen Sie die Würste auf die Eier.
10. Streuen Sie den Käse darüber.
11. Drücken Sie auf "Backen" und stellen Sie ihn auf 390 Grad F ein.
12. Kochen Sie 20 Minuten lang.

Serviervorschläge: Mit gehackten Frühlingszwiebeln garnieren.

Tipps zur Zubereitung und zum Kochen: Vor dem Servieren 2 Minuten ruhen lassen. Verlängern Sie die Kochzeit, wenn die Eier nicht ganz durch sind.

Frühstückstörtchen

Zubereitungszeit: 10 Minuten
Kochzeit: 14 Minuten
Portionen: 4

Zutaten:

- 4 oz. Frischkäse
- 3 Esslöffel Puderzucker
- ¼ Tasse Blaubeerkonfitüre
- 8 oz. halbmondförmiger Brötchenteig (gekühlt)
- Kochspray

Methode:

1. Verrühren Sie den Frischkäse, den Zucker und die Blaubeerkonfitüre in einer Schüssel mit einem Handmixer.
2. Schneiden Sie den Teig in 4 Portionen.
3. Rollen Sie jede Portion aus, bis sie flachgedrückt ist.
4. Verteilen Sie die Frischkäsemischung auf den Teigportionen.
5. Rollen Sie den Teig auf und verschließen Sie ihn.
6. Fügen Sie diese dem Gerät hinzu.
7. Drücken Sie air crisp.
8. 3 Minuten lang bei 325 Grad F vorheizen.
9. Legen Sie die Rollen in das Gerät ein.
10. Kochen Sie 14 Minuten lang.

Serviervorschläge: Mit Ihrem Lieblingssirup beträufeln.

Tipps zur Zubereitung und zum Kochen: Vor dem Servieren abkühlen lassen.

French Toast Sticks

Zubereitungszeit: 10 Minuten
Kochzeit: 10 Minuten
Portionen: 4

Zutaten:

- 4 Eier
- ½ Tasse Milch
- ¼ Tasse Kristallzucker
- ¼ Teelöffel gemahlener Zimt
- ¼ Teelöffel Vanilleextrakt
- 6 Scheiben Brot, in Streifen geschnitten
- Kochspray

Methode:

1. Schlagen Sie die Eier und die Milch in einer Schüssel auf.
2. Rühren Sie den Zucker, den Zimt und die Vanille ein.
3. Tauchen Sie das Brot in die Mischung.
4. Drücken Sie air crisp.
5. Stellen Sie ihn auf 400 Grad F ein.
6. Für 10 Minuten vorheizen.
7. Geben Sie die Brotstreifen in das Gerät.
8. 3 bis 5 Minuten pro Seite garen.

Serviervorschläge: Mit Ahornsirup servieren.

Tipps zur Zubereitung und zum Kochen: Verwenden Sie altes Brot vom Vortag.

Frühstücksauflauf

Zubereitungszeit: 10 Minuten
Kochzeit: 10 Minuten
Portionen: 6

Zutaten:

- 4 Eier, verquirlt
- 1 lb. italienische Wurst, gekocht und zerbröckelt
- 2 Esslöffel schwere Sahne
- ½ Tasse Cheddar-Käse, geraspelt
- 1 Tasse Tomaten, zerkleinert
- 2 Teelöffel italienisches Gewürz

Methode:

1. Kombinieren Sie die Zutaten in einer Schüssel.
2. Übertragen Sie sie in eine kleine Backform.
3. Wählen Sie Luft knusprig.
4. Kochen Sie bei 340 Grad F für 8 bis 10 Minuten.

Serviervorschläge: Mit gehackter Petersilie garnieren.

Tipps zur Zubereitung und zum Kochen: Verlängern Sie die Garzeit, wenn die Eier nicht ganz durch sind.

Quiche

Zubereitungszeit: 10 Minuten
Kochzeit: 15 Minuten
Portionen: 4

Zutaten:

- 6 Eier
- ¾ Tasse Schlagsahne
- Salz und Pfeffer nach Geschmack
- 1 vorgefertigte Kuchenkruste
- 1 Tasse Cheddar-Käse, geraspelt

Methode:

1. Schlagen Sie die Eier in einer Schüssel auf.
2. Rühren Sie die Sahne, Salz und Pfeffer ein.
3. Gießen Sie die Mischung in die Kuchenkruste.
4. Streuen Sie den Käse darüber.
5. Drücken Sie air crisp.
6. Stellen Sie ihn auf 320 Grad F ein.
7. Kochen Sie 12 bis 15 Minuten lang.

Serviervorschläge: Vor dem Servieren mit gehackten Frühlingszwiebeln bestreuen.

Tipps zur Zubereitung und zum Kochen: Sie können auch eine selbstgemachte Kuchenkruste verwenden, wenn Sie möchten.

Frühstück Burrito

Zubereitungszeit: 5 Minuten

Kochzeit: 5 Minuten

Portionen: 2

Zutaten:

- 2 Eier, gekocht als Rührei
- ½ Tasse Cheddar-Käse, geraspelt
- ½ Tasse Speck, knusprig gekocht und zerkrümelt
- 2 Tortillas

Methode:

1. Kombinieren Sie die Eier, den Käse und den Speck in einer Schüssel.
2. Belegen Sie die Tortillas mit der Mischung.
3. Rollen Sie die Tortillas auf.
4. Fügen Sie diese dem Gerät hinzu.
5. Wählen Sie Luft knusprig.
6. Stellen Sie ihn auf 250 Grad F ein.
7. Kochen Sie 5 Minuten lang.

Serviervorschläge: Mit scharfer Sauce servieren.

Tipps zur Zubereitung und zum Kochen: Sie können den Burrito auch einfrieren und in der Luft braten, wenn Sie ihn servieren möchten.

Avocado-Toast

Zubereitungszeit: 5 Minuten
Kochzeit: 3 Minuten
Portionen: 1

Zutaten:

- 1 Avocado, püriert
- 1 Knoblauchzehe, gehackt
- 1 Teelöffel Zitronensaft
- Salz nach Geschmack
- 2 Scheiben Brot
- ¼ Tasse Tomate, gehackt

Methode:

1. Mischen Sie die Avocado, den Knoblauch, den Zitronensaft, Salz und Pfeffer.
2. Verteilen Sie die Mischung auf den Brotscheiben.
3. Tomate darüber streuen.
4. Auf den Grillrost legen.
5. Drücken Sie die Grill-Einstellung.
6. Grillen Sie bei 350 Grad F für 2 bis 3 Minuten.

Serviervorschläge: Vor dem Servieren mit Pfeffer bestreuen.

Tipps zur Zubereitung und zum Kochen: Verwenden Sie frisch gepressten Zitronensaft.

Buttermilch-Pfannkuchen

Zubereitungszeit: 10 Minuten
Kochzeit: 10 Minuten
Portionen: 12

Zutaten:

- 2 Tassen Allzweckmehl
- 2 Teelöffel Backpulver
- 2 Esslöffel Zucker
- Prise Salz
- 2 Eier, verquirlt
- ¼ Tasse Milch
- 2 Tassen Buttermilch
- ¼ Butter, geschmolzen

Methode:

1. Mischen Sie Mehl, Backpulver, Zucker und Salz.
2. Rühren Sie die Eier und die restlichen Zutaten ein.
3. Besprühen Sie den Einsatz der Luftfritteuse mit Öl.
4. Gießen Sie den Teig in die Schale.
5. Wählen Sie Luft knusprig.
6. Kochen Sie bei 320 Grad F für 5 Minuten.
7. Wenden und weitere 5 Minuten garen.

Serviervorschläge: Mit Schlagsahne garnieren.

Tipps zur Zubereitung und zum Kochen: Wenden, wenn Blasen an der Oberfläche des Teigs erscheinen.

Gebackene Eier mit Käse

Zubereitungszeit: 5 Minuten
Kochzeit: 5 Minuten
Portionen: 1

Zutaten:

- 2 Eier, verquirlt
- 2 Esslöffel schwere Sahne
- 2 Esslöffel Cheddar-Käse, geraspelt
- 1 Teelöffel Parmesankäse, gerieben
- Salz und Pfeffer nach Geschmack

Methode:

1. Schlagen Sie die Eier und die Sahne in einer Schüssel auf.
2. Rühren Sie die restlichen Zutaten ein.
3. Gießen Sie die Mischung in eine Auflaufform.
4. Geben Sie die Auflaufform in das Gerät.
5. Wählen Sie die Einstellung "Air Crisp".
6. Kochen Sie bei 330 Grad F für 5 Minuten.

Serviervorschläge: Mit gehackter Petersilie garnieren.

Zubereitung & Kochtipps: Sie können auch Kräuter in die Eimasse geben.

Wurstpasteten

Zubereitungszeit: 5 Minuten

Kochzeit: 10 Minuten

Portionen: 6-8

Zutaten:

- 1 Packung Wurstpastetchen

Methode:

1. Füllen Sie die Wurstpatties in den Einsatz der Luftfritteuse.
2. Wählen Sie Luft knusprig.
3. Stellen Sie ihn auf 400 Grad F ein.
4. 5 Minuten pro Seite garen.

Serviervorschläge: Mit Kartoffelpuffern servieren.

Zubereitung & Kochtipps: Sie können auch Ihre eigenen Wurstpatties machen, wenn Sie hausgemachtes bevorzugen.

Kapitel 3: Rindfleisch-Rezepte

Gegrilltes Steak mit Spargel

Zubereitungszeit: 10 Minuten
Kochzeit: 20 Minuten
Portionen: 5

Zutaten:

- 4 Streifensteaks
- 3 Esslöffel Pflanzenöl, geteilt
- Salz und Pfeffer nach Geschmack
- 2 Tassen Spargel, geputzt und in Scheiben geschnitten

Methode:

1. Wählen Sie die Grilleinstellung.
2. Wählen Sie "Rindfleisch".
3. Heizen Sie das Gerät durch Drücken von "start" vor.
4. Steaks mit der Hälfte des Öls bepinseln.
5. Mit Salz und Pfeffer würzen.
6. Spargel mit dem restlichen Öl bestreichen.
7. Mit Salz und Pfeffer bestreuen.
8. Legen Sie das Steak auf den Grill.
9. Garen Sie 7 bis 10 Minuten pro Seite.
10. Auf einen Teller übertragen.
11. Geben Sie den Spargel in das Gerät.
12. Wählen Sie den Grill. Stellen Sie ihn auf hoch.
13. Steaks mit Spargel servieren.

Serviervorschläge: Belegen Sie die Steaks mit einem Würfel Butter.

Tipps zur Zubereitung und zum Garen: Steaks vor dem Aufschneiden 10 Minuten ruhen lassen.

Cheeseburger

Zubereitungszeit: 15 Minuten
Kochzeit: 15 Minuten
Portionen: 6

Zutaten:

- 2 ¼ lb. Rinderhackfleisch
- 1 Zwiebel, gehackt
- 1 Knoblauchzehe, gehackt
- Salz und Pfeffer nach Geschmack
- 6 Scheiben Käse
- 6 Burgerbrötchen

Methode:

1. Kombinieren Sie Rinderhackfleisch, Zwiebel, Knoblauch, Salz und Pfeffer.
2. Gut mischen.
3. Formen Sie aus der Masse 6 Patties.
4. Drücken Sie die Grilleinstellung in Ihrem Gerät.
5. Wählen Sie hoch.
6. Wählen Sie Rindfleisch.
7. Drücken Sie Start zum Vorheizen.
8. Geben Sie nach dem Vorheizen die Patties in das Gerät.
9. Garen Sie, bis das Gerät piept.
10. Nehmen Sie die Burger heraus.
11. Auf die Brötchen geben und mit Käse belegen.

Serviervorschläge: Mit den gewünschten Gewürzen servieren.

Tipps zur Zubereitung und zum Kochen: Verwenden Sie 80 Prozent mageres Rinderhackfleisch.

Gegrilltes Steak & Salat

Zubereitungszeit: 10 Minuten

Kochzeit: 10 Minuten

Portionen: 4

Zutaten:

- 4 Steaks
- Salz und Pfeffer nach Geschmack
- 4 Tassen Kopfsalat, gehackt
- 1 Tasse Tomate, gewürfelt
- 1 Tasse Gurke gehackt
- Vinaigrette-Dressing

Methode:

1. Drücken Sie die Einstellung in Ihrem Gerät.
2. Stellen Sie ihn auf hoch.
3. Für 8 Minuten vorheizen.
4. Steaks mit Salz und Pfeffer würzen.
5. Steaks auf den Grill legen.
6. 4 bis 5 Minuten pro Seite garen.
7. In einer Schüssel Salat, Tomate und Gurke mit dem Dressing vermischen.
8. Steak mit Salat servieren.

Serviervorschläge: Steak vor dem Aufschneiden und Servieren 5 Minuten ruhen lassen.

Tipps zur Zubereitung und zum Kochen: Verwenden Sie Römersalat für den Salat.

Schmorbraten

Zubereitungszeit: 20 Minuten
Garzeit: 3 Stunden und 20 Minuten
Portionen: 6

Zutaten:

Gewürze

- 2 Teelöffel Thymianblätter getrocknet
- 1 Teelöffel Zwiebelpulver
- 1 Teelöffel Knoblauchpulver
- Salz und Pfeffer nach Geschmack
- ½ Teelöffel rote Pfefferflocken

Schmorbraten

- 1 Esslöffel Avocadoöl
- 4 lb. Chuck Braten
- 1 Zwiebel, in Scheiben geschnitten
- 4 Tassen Rinderbrühe
- ¼ Tasse Mehl

Methode:

1. Mischen Sie die Würzzutaten in einem Teller.
2. Bestreichen Sie den Hähnchenbraten mit dem Öl.
3. Von allen Seiten mit den Gewürzen bestreuen.
4. Heizen Sie Ihr Gerät vor.
5. Drücken Sie den Grill und stellen Sie ihn auf 500 Grad F ein.
6. Geben Sie nach 5 Minuten den Rinderbraten in das Gerät.
7. 5 Minuten pro Seite garen.
8. Legen Sie den Braten in eine Backform.
9. Gießen Sie die Brühe dazu und fügen Sie die Zwiebeln hinzu.

10. Wählen Sie die Rösteinstellung.
11. Bei 250 Grad 3 Stunden lang braten, dabei jede Stunde umdrehen.
12. Geben Sie die Kochflüssigkeit bei mittlerer Hitze in eine Pfanne.
13. Mehl einrühren.
14. 10 Minuten köcheln lassen oder bis die Soße eingedickt ist.

Serviervorschläge: Mit Bratensoße beträufeln oder servieren.

Zubereitungs- und Kochtipps: Verwenden Sie goldene Kartoffeln.

Steak & Kartoffeln

Zubereitungszeit: 15 Minuten

Kochzeit: 45 Minuten

Portionen: 4

Zutaten:

- 4 Kartoffeln
- ¼ Tasse Avocadoöl
- Salz nach Geschmack
- 2 Steaks
- 2 Esslöffel Steakgewürz

Methode:

1. Stechen Sie die Kartoffeln mit einer Gabel ein.
2. Mit dem Öl einreiben und mit Salz würzen.
3. Geben Sie sie in den Behälter der Luftfritteuse.
4. Wählen Sie Luft knusprig.
5. Kochen Sie bei 400 Grad F für 35 Minuten oder bis sie weich sind.
6. Auf einen Teller geben und mit Folie abdecken.
7. Setzen Sie den Grillrost auf das Gerät.
8. 10 Minuten lang bei 500 Grad F vorheizen.
9. Steakfilets mit Steakgewürz bestreuen.
10. Drücken Sie die Grill-Einstellung.
11. 4 bis 5 Minuten pro Seite garen.
12. Steaks mit Kartoffeln servieren.

Serviervorschläge: Vor dem Servieren 5 Minuten ruhen lassen.

Tipps zur Zubereitung und zum Kochen: Verwenden Sie für dieses Rezept Lendensteak-Filets.

Barbecue-Rindfleisch Short Ribs

Zubereitungszeit: 20 Minuten
Garzeit: 3 Stunden und 15 Minuten
Portionen: 2

Zutaten:

- 2 Rinderkurzrippen
- ¾ Tasse Rinderbrühe
- ¼ Tasse Rotwein
- ¼ Tasse Zwiebel, gewürfelt
- ½ Tasse Barbecue-Sauce

Gewürzmischung

- 1 Teelöffel Knoblauchpulver
- 1 Teelöffel Zwiebelpulver
- 1 Esslöffel Speisestärke
- Salz und Pfeffer nach Geschmack

Methode:

1. Mischen Sie die Zutaten der Gewürzmischung in einer Schüssel.
2. Würzen Sie die Rinder-Kurzrippen mit dieser Mischung.
3. Geben Sie die Rinderrippen in eine kleine Backform.
4. Gießen Sie die Brühe und den Wein hinzu.
5. Mit Zwiebel bestreuen.
6. Wählen Sie die Rösteinstellung.
7. Bei 250 Grad für 3 Stunden braten.
8. Rühren Sie die Barbecue-Sauce in die Kochflüssigkeit ein.

Serviervorschläge: Mit gehackten Frühlingszwiebeln garnieren.

Tipps zur Zubereitung und zum Kochen: Verwenden Sie Rinderbrühe mit niedrigem Natriumgehalt.

Italienische Frikadellen

Zubereitungszeit: 20 Minuten
Kochzeit: 20 Minuten
Portionen: 6

Zutaten:

- 1 lb. Rinderhackfleisch
- 1 lb. gemahlenes Schweinefleisch
- ½ Zwiebel, gehackt
- 3 Knoblauchzehen, gehackt
- ¼ Tasse Petersilie, gehackt
- ½ Tasse Milch
- 2 Eier, verquirlt
- 1 Teelöffel getrocknetes italienisches Kräutergewürz
- 2 Esslöffel Parmesankäse, gerieben
- Salz und Pfeffer nach Geschmack

Methode:

1. Mischen Sie alle Zutaten in einer großen Schüssel.
2. Aus der Masse Frikadellen formen.
3. Geben Sie die Fleischbällchen in das Gerät.
4. Wählen Sie Luft knusprig.
5. Bei 425 Grad F 20 Minuten lang an der Luft braten, dabei ein- oder zweimal umrühren.

Serviervorschläge: Mit Nudeln oder braunem Reis servieren.

Tipps zur Zubereitung und zum Kochen: Verwenden Sie mageres Rinderhackfleisch und mageres Schweinehackfleisch.

Rinderbraten mit Chimichurri

Zubereitungszeit: 10 Minuten
Kochzeit: 30 Minuten
Portionen: 6

Zutaten:

- 2 lb. Roastbeef
- 2 Esslöffel Olivenöl
- Salz und Pfeffer nach Geschmack

Chimichurri

- ¼ Tasse Olivenöl
- ½ Tasse Koriander
- ½ Tasse Petersilie
- 2 Esslöffel frischer Oregano, in Scheiben geschnitten
- ¼ Rotweinessig
- 2 Knoblauchzehen, gehackt
- Salz und Pfeffer nach Geschmack

Methode:

1. Heizen Sie Ihr Gerät durch Drücken von air crisp vor.
2. Drücken Sie Start.
3. 4 Minuten vorheizen.
4. Roastbeef mit Öl bepinseln.
5. Mit Salz und Pfeffer würzen.
6. Röstfunktion wählen.
7. Kochen Sie bei 250 Grad F für 3 Stunden.
8. Geben Sie alle Zutaten in eine Küchenmaschine.
9. Pulsieren Sie, bis alles glatt ist.
10. Servieren Sie das Roastbeef mit Chimichurri.

Serviervorschläge: Steaks vor dem Servieren 5 Minuten ruhen lassen.

Zubereitung & Kochtipps: Sie können das Roastbeef auch mit einem Würfel Butter belegen.

Knoblauchsteak mit Sahnemeerrettich

Zubereitungszeit: 10 Minuten

Kochzeit: 15 Minuten

Portionen: 2

Zutaten:

- 2 Lendensteaks
- 2 Esslöffel Butter, geschmolzen
- 2 Knoblauchzehen, gehackt
- Salz und Pfeffer nach Geschmack

Cremiger Meerrettich

- 2 Esslöffel Meerrettich
- 1 Becher saure Sahne
- 1 Teelöffel Dill
- Salz und Pfeffer nach Geschmack

Methode:

1. Heizen Sie Ihr Gerät bei 400 Grad F für 5 Minuten vor.
2. Reiben Sie das Rinderfilet mit der Butter ein.
3. Mit Knoblauch, Salz und Pfeffer bestreuen.
4. Luftbraten für 6 Minuten pro Seite.
5. Mischen Sie die Zutaten für den Meerrettich in einer Schüssel.
6. Servieren Sie die Steaks mit dem Meerrettich.

Serviervorschläge: Steak vor dem Servieren 5 Minuten ruhen lassen.

Tipps zur Zubereitung und zum Kochen: Verwenden Sie fettarme saure Sahne.

Steak mit Parmesankruste

Zubereitungszeit: 5 Minuten
Kochzeit: 10 Minuten
Portionen: 4

Zutaten:

- 2 lb. Flankensteak
- 2 Esslöffel Olivenöl
- 3 Esslöffel Parmesankäse, gerieben
- Salz und Pfeffer nach Geschmack

Methode:

1. Heizen Sie Ihr Gerät bei 400 Grad F für 5 Minuten vor.
2. Steak mit Öl bepinseln.
3. Mit Käse, Salz und Pfeffer bestreuen.
4. Wählen Sie die Funktion "Air Crisp".

Bei 400 Grad F für 6 Minuten pro Seite garen.

Serviervorschläge: Mit gerösteten Karotten oder Kartoffelpüree servieren.

Tipps zur Zubereitung und zum Garen: Lassen Sie das Steak vor dem Würzen 30 Minuten bei Raumtemperatur ruhen.

Kapitel 4: Schweinefleisch-Rezepte

Gegrilltes Schweinefilet mit Gemüse

Zubereitungszeit: 3 Stunden und 20 Minuten

Kochzeit: 30 Minuten

Portionen: 4

Zutaten:

- 3 Esslöffel Balsamico-Essig
- 1 Knoblauchzehe, gehackt
- 6 oz. Pesto
- Salz und Pfeffer nach Geschmack
- 2 Schweinerückenfilets
- 2 Esslöffel Pflanzenöl
- 1 Zwiebel, gehackt
- 1 Paprika, gewürfelt
- 1 Kürbis, in Scheiben geschnitten
- 1 Zucchini, in runde Scheiben geschnitten

Methode:

1. In einer Auflaufform Essig, Knoblauch, Pesto, Salz und Pfeffer mischen.
2. Fügen Sie das Schweinefleisch hinzu.
3. Mit der Sauce bestreichen.
4. Abdecken und für 3 Stunden in den Kühlschrank stellen.
5. Wählen Sie die Grillfunktion.
6. Stellen Sie die Temperatur auf mittel ein.
7. Wählen Sie Schweinefleisch.
8. Drücken Sie Start.
9. Mischen Sie in einer anderen Schüssel die restlichen Zutaten.
10. Mit Salz und Pfeffer würzen.
11. Geben Sie das Gemüse und das Schweinefleisch auf den Grillrost.

12. Garen Sie, bis das Gerät durch einen Piepton signalisiert, dass es fertig ist.
13. Servieren Sie das Schweinefleisch mit Gemüse.

Serviervorschläge: Mit den gewünschten Gewürzen servieren.

Zubereitung & Kochtipps: Sie können auch anderes Gemüse wie Kartoffeln oder Karotten verwenden.

Gebratene Schweineschnitzel & Kartoffeln

Zubereitungszeit: 20 Minuten
Kochzeit: 30 Minuten
Portionen: 4

Zutaten:

- 1 Zwiebel, in Scheiben geschnitten
- 1 Teelöffel Knoblauch, gehackt
- 1 ½ lb. Baby-Kartoffeln, in Scheiben geschnitten
- 1 Esslöffel frischer Rosmarin, gehackt
- Salz und Pfeffer nach Geschmack
- 3 Esslöffel Honig and 2 Esslöffel Senf
- 1 Tasse Paniermehl
- 4 Schweinekoteletts

Methode:

1. Zwiebel, Knoblauch, Kartoffeln, Rosmarin, Salz und Pfeffer in einer Schüssel vermischen.
2. Mischen Sie in einer anderen Schüssel Honig und Senf.
3. Streichen Sie die Honigmischung auf beide Seiten des Schweinefleischs.
4. Mit Paniermehl bestreuen.
5. Geben Sie das Schweinefleisch in den Korb der Fritteuse.
6. Wählen Sie Luft knusprig.
7. Stellen Sie ihn auf 390 Grad F ein.
8. Stellen Sie sie auf 30 Minuten ein.
9. Drücken Sie Start.
10. Geben Sie nach 10 Minuten die Kartoffelmischung in den Korb.
11. Nach 10 Minuten das Schweinefleisch auf die Kartoffeln geben.
12. Weitere 10 Minuten garen, dabei einmal wenden.

Serviervorschläge: Mit Zitronenspalten garnieren.

Tipps zur Zubereitung und zum Kochen: Schweinekoteletts sollten mindestens ½ Zoll dick sein.

Schweinefleisch-Sandwich

Zubereitungszeit: 5 Stunden und 30 Minuten

Zubereitungszeit: 21 Minuten

Portionen: 4

Zutaten:

Marinade

- 1 Teelöffel Zwiebelpulver
- 1 Knoblauchzehe, gehackt
- 1 Esslöffel frischer Koriander, gehackt
- 2 Esslöffel Sojasauce
- 2 Esslöffel Limettensaft
- 2 Teelöffel Kreuzkümmel
- 1 ½ Tassen Orangensaft
- Salz und Pfeffer nach Geschmack

Verteilen

- ¼ Tasse Mayonnaise
- ¼ Tasse saure Sahne
- 1 Teelöffel Kreuzkümmel
- 1 Esslöffel Limettensaft

Sandwich

- 2 Schweinefilets
- 3 Paprikaschoten, in Streifen geschnitten und geröstet
- 8 Scheiben Baguette

Methode:

1. Kombinieren Sie die Zutaten für die Marinade in einer Schüssel.
2. Geben Sie die Schweinefilets in die Schüssel.

3. Abdecken und für 5 Stunden in den Kühlschrank stellen.
4. Abseihen und die Marinade verwerfen.
5. Schweinefleisch auf den Grillrost legen.
6. Stellen Sie das Gerät auf Grill ein.
7. Wählen Sie die hohe Einstellung.
8. Stellen Sie die Zeit auf 11 Minuten ein.
9. Drücken Sie Start.
10. Mischen Sie die Aufstrichzutaten in einer Schüssel.
11. Verteilen Sie die Mischung auf den Baguettescheiben.
12. Geben Sie das Schweinefleisch zusammen mit der roten Paprika auf das Brot.
13. Sandwich 10 Minuten lang grillen.

Serviervorschläge: Mit Pico de Gallo servieren.

Tipps zur Zubereitung und zum Kochen: Sie können für dieses Rezept auch Schweinefilet verwenden.

Schweinefilet im Speckmantel

Zubereitungszeit: 10 Minuten
Kochzeit: 12 Minuten
Portionen: 4

Zutaten:

- 8 Scheiben Speck
- 4 Schweinefiletfilets
- 2 Esslöffel Pflanzenöl
- Salz und Pfeffer nach Geschmack

Methode:

1. Schweinefilet mit 2 Speckscheiben umwickeln.
2. Mit Zahnstochern sichern.
3. Alle Seiten mit Öl bepinseln.
4. Mit Salz und Pfeffer würzen.
5. Wählen Sie die Grillfunktion.
6. Wählen Sie die hohe Einstellung.
7. Stellen Sie ihn auf 12 Minuten ein.
8. Drücken Sie Start.
9. Legen Sie nach dem Vorheizen des Geräts Schweinefleisch auf den Grillrost.
10. 6 Minuten pro Seite garen.

Serviervorschläge: Vor dem Servieren 10 Minuten ruhen lassen.

Tipps zur Zubereitung und zum Kochen: Dieses Rezept kann auch für Rinderfilet verwendet werden.

Wurst & Paprika

Zubereitungszeit: 10 Minuten

Kochzeit: 18 Minuten

Portionen: 6

Zutaten:

- 1 weiße Zwiebel, in Ringe geschnitten
- 2 Paprikaschoten, in Scheiben geschnitten
- 2 Esslöffel Pflanzenöl, geteilt
- Salz und Pfeffer nach Geschmack
- 6 Würste
- 6 Hotdog-Brötchen

Methode:

1. Heizen Sie das Gerät durch Drücken von Grill vor.
2. Stellen Sie ihn auf niedrig.
3. Stellen Sie sie auf 26 Minuten ein.
4. Drücken Sie Start.
5. Zwiebel und Paprika mit Öl bestreichen.
6. Mit Salz und Pfeffer würzen.
7. Geben Sie nach dem Signalton des Geräts die Zwiebel und die Paprika auf den Grillrost.
8. Kochen Sie 12 Minuten lang.
9. Auf einen Teller übertragen.
10. Geben Sie die Würstchen auf den Grill.
11. Kochen Sie 6 Minuten lang.
12. Geben Sie die Würstchen in die Hotdog-Brötchen.
13. Mit der Zwiebel-Paprika-Mischung belegen.

Serviervorschläge: Mit Ketchup, Mayo und scharfer Sauce servieren.

Tipps zur Zubereitung und zum Kochen: Verwenden Sie Vollkorn-Hotdog-Brötchen.

Honig glasierter Schinken

Zubereitungszeit: 10 Minuten
Kochzeit: 50 Minuten
Portionen: 6

Zutaten:

- 1 Tasse brauner Zucker
- 1 Tasse Honig
- 2 lb. Schinken, gekocht

Methode:

1. Geben Sie Zucker und Honig bei mittlerer Hitze in einen Topf.
2. 10 Minuten köcheln lassen.
3. Bestreichen Sie den Schinken mit der Hälfte der Sauce.
4. Legen Sie den Schinken in das Gerät.
5. Stellen Sie ihn auf "air crisp" ein.
6. Kochen Sie bei 310 Grad F für 20 Minuten.
7. Mit der restlichen Sauce bepinseln.
8. Weitere 20 Minuten kochen.

Serviervorschläge: Vor dem Aufschneiden und Servieren abkühlen lassen.

Zubereitung & Kochtipps: Sie können auch Ahornsirup anstelle von Honig verwenden.

Bratwürste

Zubereitungszeit: 12 Minuten
Kochzeit: 12 Minuten
Portionen: 4

Zutaten:

- 1 Packung Bratwürste

Methode:

1. Heizen Sie Ihr Gerät 5 Minuten lang auf 350 Grad F vor.
2. Geben Sie die Bratwürste in das Air-Crisp-Tablett.
3. Stellen Sie ihn auf "air crisp" ein.
4. 10 Minuten garen, dabei einmal wenden.

Serviervorschläge: Mit Brot oder Salat servieren.

Tipps zur Zubereitung und zum Kochen: Verwenden Sie ein Fleischthermometer, um festzustellen, ob die Wurst vollständig durch ist.

Aprikosen-Schweinekoteletts

Zubereitungszeit: 10 Minuten
Kochzeit: 10 Minuten
Portionen: 2

Zutaten:

- 2 Schweinekoteletts
- Salz und Pfeffer nach Geschmack
- ½ Tasse Aprikosenkonfitüre
- ¼ Tasse Wasser
- 1 Esslöffel Olivenöl
- 1 Knoblauchzehe, gehackt
- 1 Teelöffel Sojasauce

Methode:

1. Schweinekoteletts mit Salz und Pfeffer würzen.
2. Wählen Sie Luft knusprig.
3. Heizen Sie es bei 320 Grad F für 10 Minuten vor.
4. Legen Sie die Schweinekoteletts in die Air-Crisp-Schale.
5. 5 Minuten pro Seite garen.
6. Lassen Sie die restlichen Zutaten in einem Topf bei mittlerer Hitze köcheln.
7. Gießen Sie die Sauce über die Schweinekoteletts und servieren Sie sie.

Serviervorschläge: Mit Reis oder Salat servieren.

Tipps zur Zubereitung und zum Kochen: Glätten Sie das Schweinefleisch vor dem Würzen mit einem Fleischklopfer.

Panierte Schweinekoteletts

Zubereitungszeit: 10 Minuten
Kochzeit: 12 Minuten
Portionen: 4

Zutaten:

- 4 Schweinekoteletts
- Salz und Pfeffer nach Geschmack
- 1 Ei, verquirlt
- 1 Tasse Semmelbrösel
- 2 Teelöffel süßer Paprika
- 1 Teelöffel Zwiebelpulver
- 1 Teelöffel Knoblauchpulver
- 1 Teelöffel Chilipulver

Methode:

1. Schweinekoteletts mit Salz und Pfeffer würzen.
2. Tauchen Sie die Schweinekoteletts in Ei.
3. In einer Schüssel Semmelbrösel und Gewürze mischen.
4. Schweinekoteletts mit der Paniermehlmischung bestreuen.
5. Wählen Sie die knackige Luft in Ihrem Gerät.
6. Heizen Sie das Gerät für 5 Minuten vor.
7. Legen Sie die Schweinekoteletts in die Air-Crisp-Schale.
8. Bei 360 Grad F für 6 Minuten pro Seite garen.

Serviervorschläge: Mit frischem grünen Salat oder gerösteten Möhren servieren.

Tipps zur Zubereitung und zum Kochen: Verwenden Sie für dieses Rezept nicht entbeinte Schweinekoteletts.

Schweinelende

Zubereitungszeit: 3 Stunden und 15 Minuten
Kochzeit: 20 Minuten
Portionen: 4

Zutaten:

- 1 Knoblauchzehe, gehackt
- 1 Teelöffel Ingwer, gerieben
- 1 Esslöffel Reisessig
- 2 Esslöffel Sojasauce
- 1 Esslöffel Pflanzenöl
- 1 Esslöffel trockener Sherry
- 1 Esslöffel brauner Zucker
- Salz und Pfeffer nach Geschmack
- 1 lb. Schweinefilet

Methode:

1. Mischen Sie alle Zutaten außer Schweinefleisch in einer Schüssel.
2. Sobald die Mischung vollständig ist, fügen Sie das Schweinefleisch hinzu.
3. Gleichmäßig mit der Sauce bestreichen.
4. Abdecken und 3 Stunden im Kühlschrank marinieren.
5. Wählen Sie die Funktion "Air Crisp".
6. Bei 400 Grad F 20 Minuten lang an der Luft braten, dabei ein- oder zweimal umrühren.

Serviervorschläge: Vor dem Aufschneiden und Servieren 5 Minuten ruhen lassen.

Tipps zur Zubereitung und zum Kochen: Sie können auch über Nacht marinieren.

Kapitel 5: Hähnchen-Rezepte

Honig-Senf-Hähnchen

Zubereitungszeit: 5 Minuten
Kochzeit: 30 Minuten
Portionen: 6

Zutaten:

- 6 Hähnchenbrustfilets
- 3 Esslöffel Pflanzenöl
- Salz und Pfeffer nach Geschmack
- 1 Tasse Honig-Senf-Sauce
- 1 Tasse Barbecue-Sauce

Methode:

1. Stellen Sie Ihr Gerät auf Grill ein.
2. Wählen Sie mittlere Temperatur.
3. Stellen Sie sie auf 30 Minuten ein.
4. Drücken Sie Start zum Vorheizen.
5. Pinseln Sie während des Vorheizens beide Seiten der Hähnchenbrust mit Öl ein.
6. Mit Salz und Pfeffer würzen.
7. Geben Sie das Hähnchen nach 10 Minuten auf den Grillrost.
8. 10 Minuten garen, dabei einmal wenden.
9. Mischen Sie in einer Schüssel die Honig-Senf-Sauce und die Barbecue-Sauce.
10. Hähnchen mit Sauce bepinseln.
11. Weitere 10 Minuten kochen.

Serviervorschläge: Hähnchenbrust vor dem Servieren 5 Minuten ruhen lassen.

Zubereitung & Kochtipps: Sie können für dieses Rezept auch Oberschenkelfilet verwenden.

Würziges Ranch-Brathuhn

Zubereitungszeit: 1 Stunde und 20 Minuten
Kochzeit: 20 Minuten
Portionen: 4

Zutaten:

- ½ Tasse Büffel-Sauce
- ½ Tasse Ranch-Gewürz
- 4 Tassen Buttermilch
- 2 Hähnchenschenkel
- 2 Hähnchenbrustfilets
- 2 Tassen Allzweckmehl
- Kochspray

Methode:

1. Mischen Sie Büffelsauce und Ranch-Gewürz in einer Schüssel.
2. Gießen Sie das Ganze in einen verschließbaren Plastikbeutel.
3. Geben Sie die Buttermilch in den Beutel.
4. Legen Sie das Hähnchen in den Beutel.
5. 1 Stunde lang im Kühlschrank marinieren.
6. Aus der Marinade nehmen.
7. Hähnchen mit Mehl bestäuben.
8. Mit Öl besprühen.
9. Wählen Sie die knackige Luft in Ihrem Gerät.
10. Stellen Sie ihn auf 360 Grad F und heizen Sie ihn 10 Minuten lang vor.
11. Geben Sie das Hähnchen in den Air-Crisp-Korb.
12. 20 Minuten garen, dabei einmal wenden.

Serviervorschläge: Mit Ranch-Dressing servieren.

Zubereitung & Kochtipps: Sie können auch andere Hähnchenteile für dieses Rezept verwenden.

Zitronen-Senf-Huhn

Zubereitungszeit: 15 Minuten
Kochzeit: 30 Minuten
Portionen: 6

Zutaten:

- 2 Esslöffel Zitronensaft
- ¼ Tasse Pflanzenöl
- ½ Tasse Dijon-Senf
- 1 Esslöffel getrockneter Oregano
- 3 Teelöffel getrocknetes italienisches Gewürz
- Salz und Pfeffer nach Geschmack
- 6 Hähnchenschenkel

Methode:

1. Kombinieren Sie alle Zutaten außer dem Huhn in einer Schüssel.
2. Gut mischen.
3. Bestreichen Sie beide Seiten des Hähnchens mit der Mischung.
4. Fügen Sie dem Gerät Hähnchen zu.
5. Wählen Sie die Rösteinstellung.
6. Stellen Sie die Temperatur auf 350 Grad F ein.
7. Wählen Sie Huhn.
8. Drücken Sie Start.
9. Geben Sie das Hähnchen nach dem Piepton des Geräts auf einen Teller.

Serviervorschläge: Mit frischem grünen Salat servieren.

Zubereitung & Kochtipps: Sie können auch 1 ganzes Huhn für dieses Rezept verwenden.

Gebratenes Huhn mit Kräutern

Zubereitungszeit: 20 Minuten

Kochzeit: 5 Stunden

Portionen: 4

Zutaten:

- 1 ganzes Huhn
- 5 Zehen Knoblauch, zerdrückt
- 1 Esslöffel Rapsöl
- ¼ Tasse Zitronensaft
- ¼ Tasse Honig
- 5 Zweige Thymian, gehackt
- 2 Esslöffel Salz
- 1 Esslöffel Pfeffer

Methode:

1. Geben Sie den Knoblauch in die Hähnchenhöhle.
2. Bepinseln Sie alle Seiten des Hähnchens mit einer Mischung aus Öl, Zitronensaft und Honig.
3. Mit Thymian, Salz und Pfeffer bestreuen.
4. Platzieren Sie das Gerät im Inneren.
5. Wählen Sie Braten.
6. Kochen Sie bei 250 Grad F für 5 Stunden.

Serviervorschläge: Mit gebratenem Gemüse servieren.

Zubereitung & Kochtipps: Sie können für dieses Rezept auch Pute verwenden.

Huhn Teriyaki

Zubereitungszeit: 10 Minuten

Kochzeit: 30 Minuten

Portionen: 2

Zutaten:

- 2 Hähnchenbrustfilets, in Streifen geschnitten
- Salz und Pfeffer nach Geschmack
- Kochspray
- ¼ Tasse Teriyaki-Sauce

Methode:

1. Hähnchenstreifen mit Salz und Pfeffer würzen.
2. Mit Öl besprühen.
3. Hähnchenstreifen auf den Grillrost legen.
4. Wählen Sie die Grilleinstellung.
5. Wählen Sie hoch.
6. 5 Minuten pro Seite garen.
7. Hähnchen mit der Teriyaki-Sauce bestreichen.
8. Weitere 10 Minuten garen, dabei einmal wenden.

Serviervorschläge: Mit gehackten Frühlingszwiebeln und Sesamsamen garnieren.

Tipps zur Zubereitung und zum Kochen: Verwenden Sie natriumarme Teriyaki-Sauce.

Cajun-Huhn

Zubereitungszeit: 20 Minuten
Kochzeit: 20 Minuten
Portionen: 6

Zutaten:

- 6 Hühnerkeulen
- Olivenöl

Gewürze

- 1 Teelöffel Zwiebelpulver
- 1 Teelöffel Paprika
- ½ Teelöffel getrockneter Thymian
- ½ Teelöffel getrocknetes Basilikum
- ½ Teelöffel getrockneter Oregano
- ½ Teelöffel Knoblauchpulver
- ½ Teelöffel Cayennepfeffer
- Salz und Pfeffer nach Geschmack

Methode:

1. Kombinieren Sie die Würzzutaten in einer Schüssel.
2. Hähnchen mit Öl bepinseln.
3. Beide Seiten mit den Gewürzen bestreuen.
4. In den Air-Crisp-Korb geben.
5. Wählen Sie die Einstellung für die Luftzufuhr.
6. Auf 400 Grad F einstellen.
7. 10 Minuten pro Seite garen.

Serviervorschläge: Mit frischem Koriander garnieren.

Tipps für die Zubereitung & das Kochen: Sie können das Hähnchen auch mit Öl besprühen, anstatt es mit Olivenöl zu bepinseln.

Paprika-Huhn

Zubereitungszeit: 10 Minuten
Kochzeit: 30 Minuten
Portionen: 6

Zutaten:

- 2 lb. Hähnchenflügel
- 2 Esslöffel Olivenöl
- 1 Esslöffel geräucherter Paprika
- 1 Teelöffel Knoblauchpulver
- Salz und Pfeffer nach Geschmack

Methode:

1. Hähnchenflügel mit Öl bestreichen.
2. Mit Paprika, Knoblauchpulver, Salz und Pfeffer bestreuen.
3. Geben Sie die Hähnchenflügel in das Air-Crisp-Tablett.
4. Wählen Sie Luft knusprig.
5. Bei 400 Grad 15 Minuten pro Seite garen.

Serviervorschläge: Mit scharfer Sauce servieren.

Tipps zur Zubereitung und zum Kochen: Sie können das Huhn auch 30 Minuten lang marinieren, bevor Sie es an der Luft braten.

Mit Kräutern & Frischkäse gefülltes Hähnchen

Zubereitungszeit: 15 Minuten

Kochzeit: 15 Minuten

Portionen: 2

Zutaten:

- 2 Hähnchenbrustfilets
- Olivenöl
- 2 Teelöffel getrocknetes italienisches Gewürz
- Salz und Pfeffer nach Geschmack
- 4 oz. Knoblauch und Kräuterfrischkäse

Methode:

1. Hähnchen mit Öl bepinseln.
2. Mit italienischem Gewürz, Salz und Pfeffer bestreuen.
3. Mit Knoblauch- und Kräuterfrischkäse bestreichen.
4. Rollen Sie das Hähnchen auf.
5. Legen Sie sie auf das Air-Crisp-Tablett.
6. Bei 370 Grad F für 7 Minuten pro Seite an der Luft braten.

Serviervorschläge: Mit frischem grünen Salat servieren.

Tipps zur Zubereitung und zum Kochen: Sie können das gefüllte Hähnchen auch einfrieren und in der Luft braten, wenn Sie es servieren möchten.

Honig-Sriracha-Hühnchen

Zubereitungszeit: 20 Minuten

Kochzeit: 15 Minuten

Portionen: 4

Zutaten:

- 2 lb. Hähnchenteile
- 2 Esslöffel Olivenöl
- Salz und Pfeffer nach Geschmack

Honig-Sriracha-Sauce

- ½ Tasse Honig
- 2 Teelöffel Sriracha
- 1 Esslöffel Knoblauchpulver
- 2 Esslöffel Sojasauce
- 2 Teelöffel Speisestärke

Methode:

1. Hähnchen mit Öl bepinseln.
2. Mit Salz und Pfeffer würzen.
3. Legen Sie das Gerät im Inneren des Geräts auf den Air Crisp-Korb.
4. Wählen Sie die Einstellung für die Luftzufuhr.
5. Bei 370 Grad F für 5 Minuten pro Seite an der Luft braten.
6. Mischen Sie die Saucenzutaten in einer Schüssel.
7. Tauchen Sie das Hähnchen in die Sauce.
8. Legen Sie das Hähnchen zurück in das Air-Crisp-Blech.
9. Kochen Sie bei 400 Grad F für 5 Minuten.

Serviervorschläge: Mit gehacktem Schnittlauch garnieren.

Tipps zur Zubereitung und zum Kochen: Sie können für dieses Rezept auch Hähnchenbruststreifen verwenden.

Grillhähnchen

Zubereitungszeit: 10 Minuten
Kochzeit: 30 Minuten
Portionen: 4

Zutaten:

- 4 Hähnchenbrustfilets
- 2 Esslöffel Öl
- Salz und Pfeffer nach Geschmack
- 1 Tasse Barbecue-Sauce

Methode:

1. Wählen Sie die Grilleinstellung.
2. Stellen Sie die Temperatur auf mittel ein.
3. Stellen Sie sie auf 30 Minuten ein.
4. Drücken Sie Start zum Vorheizen.
5. Hähnchenbrust mit Öl bepinseln.
6. Mit Salz und Pfeffer würzen.
7. Nach 5 Minuten das Hähnchen auf den Grillrost legen.
8. Hähnchen 10 Minuten pro Seite garen.
9. Das Hähnchen in die Barbecue-Sauce tauchen und weitere 5 Minuten garen.

Serviervorschläge: Mit der restlichen Barbecue-Sauce servieren.

Zubereitung & Kochtipps: Sie können auch mit anderem gegrillten Gemüse servieren.

Kapitel 6: Rezepte für Fisch und Meeresfrüchte

Mahi & Salsa

Zubereitungszeit: 15 Minuten
Kochzeit: 12 Minuten
Portionen: 4

Zutaten:

- 4 Mahi-Filets
- 4 Esslöffel Pflanzenöl
- Salz und Pfeffer nach Geschmack

Nachgießen

- ¼ Tasse Honig
- 3 Esslöffel Limettensaft
- 2 Esslöffel kreolisches Gewürz
- 1 Esslöffel Koriander, gehackt

Salsa

- 1 Teelöffel Kreuzkümmel
- ¼ Tasse Limettensaft
- 1 Esslöffel Koriander, gehackt
- 1 Tasse Ananasstücke
- 1 rote Paprika, gewürfelt
- 1 Zwiebel, gehackt
- 1 Jalapeño-Schote, gehackt

Methode:

1. Fisch mit Öl bestreichen.
2. Mit Salz und Pfeffer würzen.
3. Mischen Sie die Zutaten für die Bratensauce in einer Schüssel.

4. Stellen Sie Ihr Gerät auf Grill ein.
5. Stellen Sie die Temperatur auf max und die Zeit auf 15 Minuten.
6. Drücken Sie Start.
7. Nachdem das Gerät piept, geben Sie den Fisch auf den Grill.
8. Bestreichen Sie die Oberseite mit der Bratensauce.
9. Kochen Sie 6 Minuten lang.
10. Umdrehen und die andere Seite mit der Sauce bestreichen.
11. Weitere 6 Minuten kochen.
12. Mischen Sie in einer anderen Schüssel die Zutaten für die Salsa.
13. Fisch mit Salsa servieren.

Serviervorschläge: Mit Gurken- und Tomatenscheiben garnieren.

Tipps zur Zubereitung und zum Kochen: Sie können auch Ananasringe grillen und in Scheiben schneiden, um sie für die Salsa zu verwenden.

Shrimp Tacos

Zubereitungszeit: 20 Minuten
Kochzeit: 5 Minuten
Portionen: 6

Zutaten:

- 1 lb. Garnelen, geschält und entdarmt
- 2 Esslöffel Pflanzenöl
- 2 Esslöffel Cajun-Gewürz
- Salz und Pfeffer nach Geschmack
- 6 Maistortillas

Toppings

- Pico de gallo
- Avocado, in Scheiben geschnitten
- Kohl, zerkleinert
- Limettenspalten

Methode:

1. Wählen Sie die Grilleinstellung.
2. Temperatur auf max. einstellen.
3. Geben Sie 3 Minuten ein.
4. Drücken Sie Start zum Vorheizen.
5. Garnelen mit Öl bestreichen.
6. Mit Cajun-Gewürz, Salz und Pfeffer würzen.
7. Geben Sie die Garnelen nach dem Piepton des Geräts auf den Grillrost.
8. Wählen Sie den Grill.
9. Wählen Sie hohe Temperatur.
10. Stellen Sie die Zeit auf 2 Minuten ein.
11. Belegen Sie die Tortillas mit Toppings und gegrillten Garnelen.
12. Aufrollen und servieren.

Serviervorschläge: Mit gehacktem Koriander bestreuen.

Tipps zur Zubereitung und zum Kochen: Sie können für dieses Rezept gefrorene Garnelen verwenden, aber die Garzeit um eine Minute verlängern.

Lachs mit Zitrone & Dill

Zubereitungszeit: 15 Minuten
Kochzeit: 20 Minuten
Portionen: 6

Zutaten:

- 6 Lachsfilets
- 1 Esslöffel Pflanzenöl
- Salz und Pfeffer nach Geschmack
- ¼ Tasse Mayonnaise
- 2 Esslöffel Dijon-Senf
- 4 Esslöffel Zitronensaft
- 2 Esslöffel Dill, gehackt
- 4 Teelöffel Knoblauch, gehackt

Methode:

1. Wählen Sie die Grilleinstellung in Ihrem Gerät.
2. Temperatur auf max. einstellen.
3. Wählen Sie Fisch.
4. Drücken Sie Start zum Vorheizen.
5. Pinseln Sie beide Seiten des Lachses mit Öl ein.
6. Mit Salz und Pfeffer würzen.
7. Legen Sie den Lachs auf den Grillrost.
8. Mischen Sie die restlichen Zutaten in einer Schüssel.
9. Bestreichen Sie die Oberseite des Lachses mit der Mischung.
10. Mit Zitronenscheiben belegen.
11. Schließen Sie das Gerät.
12. Warten Sie auf den Signalton, um zu signalisieren, dass der Garvorgang abgeschlossen ist.

Serviervorschläge: Vor dem Servieren 3 Minuten ruhen lassen.

Zubereitung & Kochtipps: Sie können für dieses Rezept auch Weißfischfilet verwenden.

Zitronen-Senf-Fisch

Zubereitungszeit: 10 Minuten
Kochzeit: 10 Minuten
Portionen: 2

Zutaten:

- 2 Esslöffel Zitronensaft
- 1 Esslöffel Dijon-Senf
- 2 Esslöffel Olivenöl
- 2 Knoblauchzehen, gehackt
- ½ Teelöffel gemahlener Thymian
- Salz und Pfeffer nach Geschmack
- 2 Fischfilets

Methode:

1. Kombinieren Sie alle Zutaten in einer Schüssel.
2. Verteilen Sie die Mischung auf der Oberseite des Fischs.
3. Geben Sie den Lachs in die Air-Crisp-Schale.
4. Wählen Sie die knackige Luft in Ihrem Gerät.
5. Frittieren Sie sie bei 400 Grad F für 7 bis 10 Minuten.

Serviervorschläge: Mit Zitronenspalten garnieren.

Tipps zur Zubereitung und zum Kochen: Sie können für dieses Rezept gefrorenen Fisch verwenden, aber stellen Sie sicher, dass Sie ihn zuerst auftauen, bevor Sie ihn würzen und an der Luft braten.

Shrimp Bang

Zubereitungszeit: 10 Minuten

Kochzeit: 10 Minuten

Portionen: 4

Zutaten:

- 1 lb. große Garnelen, geschält und entdarmt
- ¼ Tasse Mehl
- 2 Eier, verquirlt
- 2 Tassen Paniermehl

Sauce

- ¼ Tasse Mayonnaise
- 2 Esslöffel süße Chilisauce
- 2 Teelöffel Sriracha-Sauce
- 1 Esslöffel Honig
- 1 Teelöffel Reisessig

Methode:

1. Bestreichen Sie die Garnelen mit Mehl.
2. In Ei tauchen und dann mit Paniermehl bestreuen.
3. Wählen Sie die Einstellung für die Luftzufuhr.
4. 7 Minuten lang bei 250 Grad F vorheizen.
5. Geben Sie die panierten Garnelen in die Air-Crisp-Schale.
6. Garen Sie sie bei 350 Grad F für 5 Minuten pro Seite.
7. Mischen Sie die Saucenzutaten.
8. Garnelen mit Sauce servieren.

Serviervorschläge: Vor dem Servieren mit gehacktem Schnittlauch bestreuen.

Tipps zur Zubereitung und zum Kochen: Sie können die Garnelen auch direkt vor dem Servieren in die Sauce tunken.

Gebratene Muscheln

Zubereitungszeit: 5 Minuten

Kochzeit: 5 Minuten

Portionen: 4

Zutaten:

- 1 Packung gefrorene Venusmuscheln

Methode:

1. Heizen Sie Ihr Gerät 5 Minuten lang auf 400 Grad F vor.
2. Geben Sie die Muscheln in den Air-Crisp-Behälter.
3. Kochen Sie 5 Minuten lang.
4. Prüfen Sie, ob sie gar sind. Wenn nicht, kochen Sie weitere 3 bis 5 Minuten.

Serviervorschläge: Mit Zitronenspalten garnieren.

Tipps zur Zubereitung und zum Kochen: Sie können Muscheln mit getrockneten Kräutern würzen, wenn Sie möchten.

Shrimp Tempura

Zubereitungszeit: 5 Minuten

Kochzeit: 10 Minuten

Portionen: 6

Zutaten:

- 1 Packung tiefgekühlte Garnelen-Tempura

Methode:

1. Heizen Sie die Heißluftfritteuse 5 Minuten lang auf 390 Grad F vor.
2. Ordnen Sie die gefrorenen Tempura in einer einzigen Schicht auf Ihrem Air-Crisp-Korb an.
3. Garen Sie die Garnelen 5 Minuten pro Seite.

Serviervorschläge: Mit Mirin oder Sojasauce servieren.

Tipps zur Zubereitung und zum Kochen: Achten Sie darauf, dass sich die Garnelen nicht überlappen.

Knoblauch-Butter-Garnele

Zubereitungszeit: 10 Minuten

Kochzeit: 5 Minuten

Portionen: 4

Zutaten:

Knoblauchbutter-Sauce

- 2 Knoblauchzehen, gehackt
- ½ Tasse Butter, geschmolzen
- 1 Teelöffel getrocknete Petersilie
- Salz und Pfeffer nach Geschmack

Shrimp

- 1 lb. Garnelen, geschält und entdarmt

Methode:

1. Kombinieren Sie die Zutaten für die Knoblauchbuttersauce in einer Schüssel.
2. Bestreichen Sie die Garnelen mit dieser Mischung.
3. In die Air-Crisp-Schale geben.
4. Stellen Sie ihn auf "air crisp" ein.
5. Bei 400 Grad F 5 Minuten lang an der Luft braten.

Serviervorschläge: Mit gehacktem Schnittlauch bestreuen.

Tipps zur Zubereitung und zum Kochen: Sie können die Garnelen auch mit der restlichen Knoblauchbuttersauce servieren.

Schwertfischfilet mit Salsa

Zubereitungszeit: 10 Minuten
Kochzeit: 10 Minuten
Portionen: 4

Zutaten:

- 4 Schwertfischfilets
- 1 Esslöffel Pflanzenöl
- Salz und Pfeffer nach Geschmack

Salsa

- 1 Zwiebel, gehackt
- 2 Mangos, gewürfelt
- ½ Tasse Koriander, gehackt
- 2 Esslöffel Limettensaft

Methode:

1. Fisch mit Öl bepinseln.
2. Beide Seiten mit Salz und Pfeffer würzen.
3. Marinieren Sie 5 Minuten lang.
4. Legen Sie sie in die Air-Crisp-Schale.
5. Wählen Sie Luft knusprig.
6. Bei 400 Grad F für 5 Minuten pro Seite garen.
7. Mischen Sie die Salsa-Zutaten in einer Schüssel.

Den Fisch mit der Salsa anrichten und servieren.

Serviervorschläge: Streuen Sie gehackten Koriander darüber.

Tipps zur Zubereitung und zum Kochen: Verwenden Sie frisch gepressten Limettensaft.

Thunfisch-Burger

Zubereitungszeit: 10 Minuten
Kochzeit: 10 Minuten
Portionen: 4

Zutaten:

- Kochspray

Thunfisch-Pastetchen

- 6 oz. Thunfisch-Flocken
- 1 Esslöffel Zitronensaft
- 1 Teelöffel Zitronenschale
- 1 Teelöffel Dijon-Senf
- 1 Ei, verquirlt
- 1 Esslöffel italienisches Gewürz
- ½ Tasse Semmelbrösel

Burger

- 4 Burgerbrötchen
- Kopfsalatblätter
- 1 Tomate, in Scheiben geschnitten

Methode:

1. Mischen Sie die Zutaten für die Thunfischpastete in einer Schüssel.
2. Formen Sie aus der Masse 4 Patties.
3. Besprühen Sie die Patties mit Öl.
4. Legen Sie diese in die Air-Crisp-Schale.
5. Wählen Sie die Einstellung "Air Crisp".
6. Bei 360 Grad F 5 Minuten pro Seite an der Luft braten.
7. In Burgerbrötchen mit Tomate und Kopfsalat servieren.

Serviervorschläge: Mit den gewünschten Gewürzen servieren.

Tipps zur Zubereitung und zum Kochen: Sie können die Patties auch im Voraus zubereiten, einfrieren und in der Luft frittieren, wenn Sie sie servieren möchten.

Kapitel 7: Gemüse-Rezepte

Kürbis mit Ahornglasur

Zubereitungszeit: 10 Minuten

Kochzeit: 40 Minuten

Portionen: 8

Zutaten:

- 2 Butternusskürbis, in Scheiben geschnitten
- 1 Esslöffel Pflanzenöl
- Salz und Pfeffer nach Geschmack
- 2 Esslöffel Butter
- 4 Esslöffel Ahornsirup
- 4 Esslöffel brauner Zucker

Methode:

1. Butternusskürbis mit Öl bestreichen.
2. Mit Salz und Pfeffer würzen.
3. Wählen Sie die Rösteinstellung.
4. Stellen Sie ihn für 45 Minuten auf 375 Grad F ein.
5. Drücken Sie Start zum Vorheizen.
6. Geben Sie den Butternusskürbis nach dem Piepton des Geräts auf den Grillrost.
7. Kochen Sie den Kürbis 20 Minuten lang.
8. Während Sie warten, kombinieren Sie die restlichen Zutaten.
9. Tauchen Sie den Kürbis in die Sauce und legen Sie ihn wieder auf den Grill.
10. Weitere 15 Minuten kochen.
11. Wenden und weitere 5 Minuten garen.

Serviervorschläge: Mit gehacktem frischem Thymian garnieren.

Zubereitung & Kochtipps: Sie können dieses Rezept auch für Karotten verwenden.

Veggie-Fladenbrot

Zubereitungszeit: 30 Minuten
Kochzeit: 10 Minuten
Portionen: 6

Zutaten:

- 1 Teelöffel Olivenöl
- 1 lb. Pizzateig
- 1 Esslöffel Olivenöl
- ¼ Tasse Zucchini, in dünne Scheiben geschnitten
- ¼ Tasse Kürbis, in dünne Scheiben geschnitten
- 1 Teelöffel Knoblauch, gehackt
- ½ Tasse Parmesankäse, gerieben
- ½ Teelöffel rote Pfefferflocken

Methode:

1. Bestreichen Sie den Teig mit 1 Teelöffel Olivenöl.
2. 15 Minuten bei Raumtemperatur stehen lassen.
3. Wählen Sie die Grilleinstellung.
4. Stellen Sie ihn für 10 Minuten auf hohe Stufe.
5. Drücken Sie Start zum Vorheizen.
6. Pizzateig auf den Grillrost legen.
7. Kochen Sie 3 Minuten lang.
8. Wenden und weitere 1 Minute garen.
9. Nehmen Sie das Fladenbrot aus dem Gerät.
10. Bestreichen Sie die Oberseite mit dem restlichen Olivenöl.
11. Geben Sie die restlichen Zutaten darauf.
12. Platzieren Sie das Gerät im Inneren.
13. Kochen Sie 5 Minuten lang.
14. Abkühlen lassen, in Scheiben schneiden und servieren.

Serviervorschläge: Mit frischem Basilikum garnieren.

Zubereitung & Kochtipps: Sie können für dieses Rezept auch Pizzakruste verwenden.

Mexikanischer Mais

Zubereitungszeit: 15 Minuten

Kochzeit: 12 Minuten

Portionen: 6

Zutaten:

- 6 Ähren Mais
- 3 Esslöffel Rapsöl
- Salz und Pfeffer nach Geschmack
- 1 ¼ Tassen Cotija-Käse, zerkrümelt
- 2 Teelöffel Zwiebelpulver
- 2 Teelöffel Knoblauchpulver
- ½ Tasse saure Sahne
- ½ Tasse Mayonnaise
- 2 Esslöffel Limettensaft

Methode:

1. Wählen Sie die Grillfunktion.
2. Temperatur auf max. einstellen.
3. Stellen Sie ihn auf 12 Minuten ein.
4. Drücken Sie Start zum Vorheizen.
5. Bestreichen Sie die Maiskolben mit Öl.
6. Alle Seiten mit Salz und Pfeffer bestreuen.
7. Auf den Grillrost legen und 6 Minuten pro Seite garen.
8. Mischen Sie die restlichen Zutaten in einer Schüssel.
9. Bedecken Sie den Mais mit der Mischung und servieren Sie ihn.

Serviervorschläge: Mit frischem Koriander garnieren.

Tipps zur Zubereitung und zum Kochen: Verwenden Sie fettarme saure Sahne.

Gebratene Kartoffeln & Spargel

Zubereitungszeit: 10 Minuten
Kochzeit: 10 Minuten
Portionen: 4

Zutaten:

- 1 lb. Spargel, getrimmt und in Scheiben geschnitten
- 1 Esslöffel Olivenöl
- 2 Stängel Frühlingszwiebeln, gehackt
- 4 Kartoffeln, gewürfelt und gekocht
- 1 Teelöffel getrockneter Dill
- Salz und Pfeffer nach Geschmack

Methode:

1. Spargel mit Öl bestreichen.
2. Bestreuen Sie es mit Frühlingszwiebeln.
3. Legen Sie sie in den Luftfritiereinsatz.
4. Wählen Sie Luft knusprig.
5. Kochen Sie bei 350 Grad F für 5 Minuten.
6. Übertragen Sie sie in eine Schüssel.
7. Rühren Sie die restlichen Zutaten ein.

Serviervorschläge: Mit Zitronenspalten garnieren.

Zubereitung & Kochtipps: Sie können für dieses Rezept auch frischen, gehackten Dill verwenden.

Zitronen-Pfeffer-Rosenkohl

Zubereitungszeit: 10 Minuten

Kochzeit: 10 Minuten

Portionen: 4

Zutaten:

- 1 lb. Rosenkohl, in Scheiben geschnitten
- Esslöffel Olivenöl
- 2 Teelöffel Zitronenpfeffergewürz
- Salz nach Geschmack

Methode:

1. Bestreichen Sie den Rosenkohl mit Öl.
2. Mit Zitronenpfeffergewürz und Salz abschmecken.
3. Verteilen Sie diese auf dem Air-Crisp-Blech.
4. Wählen Sie die Einstellung "Grillen".
5. Kochen Sie bei 350 Grad F für 5 Minuten.

Serviervorschläge: Mit einem Dip auf Mayo-Basis servieren.

Zubereitung & Kochtipps: Sie können für dieses Rezept auch Blumenkohl verwenden.

Gebratene Balsamico-Tomaten mit Kräutern

Zubereitungszeit: 5 Minuten

Kochzeit: 5 Minuten

Portionen: 4

Zutaten:

- 1 lb. Tomaten, in Viertel geschnitten
- ½ Tasse Balsamico-Essig
- 1 Teelöffel italienisches Gewürz

Methode:

1. Schwenken Sie die Tomaten in Balsamico-Essig.
2. Mit italienischem Gewürz bestreuen.
3. In die Air-Crisp-Schale geben.
4. Wählen Sie Luft knusprig.
5. Kochen Sie bei 350 Grad F für 5 Minuten.

Serviervorschläge: Mit gehackten Kräutern bestreuen.

Tipps zur Zubereitung und zum Kochen: Sie können auch Gurkenscheiben nach dem Luftbraten in die Mischung einrühren.

Kürbis mit Thymian & Salbei

Zubereitungszeit: 10 Minuten

Kochzeit: 15 Minuten

Portionen: 4

Zutaten:

- 2 lb. Butternusskürbis, in Würfel geschnitten
- 1 Esslöffel Olivenöl
- Salz nach Geschmack
- 1 Teelöffel frischer Thymian, gehackt
- 1 Esslöffel frischer Salbei, gehackt

Methode:

1. Heizen Sie Ihre Heißluftfritteuse auf 390 Grad F vor.
2. Bestreichen Sie die Kürbiswürfel mit Öl.
3. Mit Salz, Pfeffer, Thymian und Salbei würzen.
4. In die Air-Crisp-Schale geben.
5. Kochen Sie 10 Minuten lang.
6. Wenden und weitere 5 Minuten garen.

Serviervorschläge: Mit Pfeffer bestreuen.

Tipps zur Zubereitung und zum Kochen: Prüfen Sie, ob der Kürbis weich genug ist. Wenn nicht, kochen Sie noch ein paar Minuten weiter.

Knoblauch-Möhren

Zubereitungszeit: 10 Minuten

Kochzeit: 10 Minuten

Portionen: 4

Zutaten:

- 1 lb. Möhren, gewürfelt
- 2 Esslöffel Olivenöl
- 2 Teelöffel Knoblauchpulver
- Salz und Pfeffer nach Geschmack

Methode:

1. Schwenken Sie die Karottenwürfel in Olivenöl.
2. Mit Knoblauchpulver, Salz und Pfeffer würzen.
3. Gleichmäßig beschichten.
4. Verteilen Sie die Möhren in der Air-Crisp-Schale.
5. Bei 390 Grad F für 10 Minuten kochen, dabei einmal umrühren.

Serviervorschläge: Mit gehackter Petersilie bestreuen.

Zubereitung & Kochtipps: Sie können auch gehackten Knoblauch anstelle von Knoblauchpulver verwenden.

Zucchini Beignets

Zubereitungszeit: 10 Minuten

Kochzeit: 7 Minuten

Portionen: 2

Zutaten:

- 2 Tassen Zucchini, gerieben
- 1 Knoblauchzehe, gehackt
- 1 Ei, verquirlt
- ¼ Tasse Parmesankäse, gerieben
- ½ Tasse Semmelbrösel
- Salz und Pfeffer nach Geschmack
- Kochspray

Methode:

1. Kombinieren Sie die Zutaten in einer Schüssel.
2. Formen Sie aus der Masse Patties.
3. Geben Sie diese in die Air-Crisp-Schale.
4. Mit Öl besprühen.
5. Wählen Sie Luft knusprig.
6. Kochen Sie bei 390 Grad F für 7 Minuten.

Serviervorschläge: Mit gehackter Petersilie garnieren.

Zubereitung & Kochtipps: Geben Sie die Semmelbrösel zuletzt in die Mischung.

Büffel-Blumenkohl

Zubereitungszeit: 15 Minuten
Kochzeit: 15 Minuten
Portionen: 4

Zutaten:

- 4 Tassen Blumenkohlröschen
- ½ Tasse Büffel-Sauce
- 2 Esslöffel Olivenöl
- Salz nach Geschmack
- 1 Teelöffel Knoblauchpulver

Methode:

1. Den Blumenkohl mit Büffelsauce und Olivenöl bestreichen.
2. Mit Salz und Knoblauchpulver würzen.
3. Verteilen Sie sie in der Air-Crisp-Schale.
4. Wählen Sie die Einstellung "Air Crisp".
5. Bei 375 Grad F für 15 Minuten kochen, dabei zweimal umrühren.

Serviervorschläge: Mit zusätzlicher Büffelsauce servieren.

Zubereitung & Kochtipps: Sie können auch mit scharfer Sauce beträufeln.

Kapitel 8: Snack- und Vorspeisenrezepte

Taco Tassen

Zubereitungszeit: 20 Minuten
Kochzeit: 10 Minuten
Portionen: 8

Zutaten:

- 12 Wonton-Blätter
- 1 Pfund Rinderhackfleisch, gekocht
- ½ Tasse Tomaten, zerkleinert
- 2 Esslöffel Taco-Gewürz
- 1 Tasse Cheddar-Käse, geraspelt

Methode:

1. Drücken Sie die Wrapper auf die Förmchen eines Muffinblechs.
2. Platzieren Sie das Gerät im Inneren.
3. Bei 400 Grad F 5 Minuten lang an der Luft braten.
4. Nehmen Sie es aus dem Gerät heraus.
5. Mit dem Hackfleisch und den Tomaten belegen.
6. Mit dem Taco-Gewürz und dem Käse bestreuen.
7. Weitere 5 Minuten an der Luft braten.

Serviervorschläge: Mit Guacamole, Salsa und saurer Sahne servieren.

Tipps zur Zubereitung und zum Kochen: Verwenden Sie mageres Rinderhackfleisch.

Maisbeignets

Zubereitungszeit: 10 Minuten

Kochzeit: 8 Minuten

Portionen: 6

Zutaten:

- ½ Tasse Allzweckmehl
- 1 ½ Tasse Maiskörner
- 1 Teelöffel Zucker
- ¼ Tasse Milch
- 1 Ei, verquirlt
- 2 Stängel grüne Zwiebel, gehackt
- ½ Tasse Cheddar-Käse, geraspelt
- Salz und Pfeffer nach Geschmack
- Kochspray

Methode:

1. Kombinieren Sie alle Zutaten in einer Schüssel.
2. Geben Sie 2 bis 3 Esslöffel der Mischung auf das Air-Crisp-Blech.
3. Mit Öl besprühen.
4. Wählen Sie die Funktion "Air Crisp".
5. Bei 350 Grad F 3 Minuten lang an der Luft braten.
6. Wenden und weitere 5 Minuten an der Luft braten.

Serviervorschläge: Mit saurer Sahne servieren.

Zubereitung & Kochtipps: Sie können für dieses Rezept auch Mandelmilch verwenden.

Knoblauchbrot

Zubereitungszeit: 10 Minuten
Kochzeit: 5 Minuten
Portionen: 4

Zutaten:

- 4 Zehen gerösteter Knoblauch, gehackt
- ½ Tasse Butter, geschmolzen
- 1 Esslöffel frische Petersilie, gehackt
- 1 Laib italienisches Brot
- Salz nach Geschmack

Methode:

1. Mischen Sie den Knoblauch, die Butter und die Petersilie in einer Schüssel.
2. Verteilen Sie die Mischung auf den Brotscheiben.
3. Legen Sie das Brot in das Gerät.
4. Wählen Sie die Einstellung "Air Crisp".
5. Kochen Sie bei 400 Grad F für 3 Minuten.

Serviervorschläge: Vor dem Servieren 2 Minuten abkühlen lassen.

Zubereitung & Kochtipps: Sie können für dieses Rezept auch Baguette verwenden.

Peperoni-Pizza

Zubereitungszeit: 15 Minuten
Kochzeit: 7 Minuten
Portionen: 6

Zutaten:

- 1 lb. Pizzateig
- Kochspray
- 1 Tasse Pizzasauce
- ½ Tasse Mozzarella-Käse
- ¼ Tasse Peperoni-Scheiben

Methode:

1. Besprühen Sie den Teig mit Öl.
2. Kneten Sie für 5 bis 10 Minuten.
3. Auf eine kleine Pizzapfanne rollen.
4. Verteilen Sie die Pizzasauce darauf.
5. Mit Käse bestreuen und mit Peperoni-Scheiben belegen.
6. Setzen Sie die Pizzapfanne in das Gerät ein.
7. Wählen Sie die Einstellung für die Luftzufuhr.
8. Bei 375 Grad F 7 Minuten lang an der Luft braten.

Serviervorschläge: Mit Kräutern garnieren.

Tipps für die Zubereitung & das Kochen: Sie können auch gefrorene Pizzakruste verwenden, um die Zubereitungszeit zu verkürzen.

Ziegenkäsetörtchen mit Tomaten

Zubereitungszeit: 10 Minuten

Kochzeit: 8 Minuten

Portionen: 8

Zutaten:

- Kochspray
- 1 Esslöffel Honig
- 1 Teelöffel getrocknetes italienisches Gewürz
- ½ Tasse Ziegenkäse, zerkrümelt
- 1 Packung runde Halbmonde
- 2 Tomaten, gewürfelt
- 2 Esslöffel Olivenöl

Methode:

1. Besprühen Sie Ihr Muffinblech mit Öl.
2. Mischen Sie den Honig, die italienischen Gewürze und den Ziegenkäse in einer Schüssel.
3. Schneiden Sie den Teig in 8 Portionen.
4. Drücken Sie den Teig in die Förmchen Ihres Muffinblechs.
5. Bestreichen Sie die Tomaten mit Öl.
6. Legen Sie die Tomaten auf den Teig.
7. Mit der Ziegenkäsemischung bedecken.
8. Platzieren Sie das Gerät im Inneren.
9. Stellen Sie es zum Backen ein.
10. Kochen Sie bei 330 Grad F für 8 Minuten.

Serviervorschläge: Mit Kräutern bestreut servieren.

Tipps zur Zubereitung und zum Kochen: Verlängern Sie die Garzeit, bis die Kruste golden ist.

Mozzarella-Häppchen

Zubereitungszeit: 20 Minuten
Kochzeit: 8 Minuten
Portionen: 12

Zutaten:

- 12 Mozzarella-Streifen
- ¼ Tasse Butter, geschmolzen
- 1 Tasse Paniermehl

Methode:

1. Mozzarella-Streifen in Butter eintauchen.
2. Mit Paniermehl bestreuen.
3. Geben Sie die Mozzarella-Streifen in die Air-Crisp-Schale.
4. Wählen Sie die Einstellung für die Luftzufuhr.
5. Bei 320 Grad F 8 Minuten lang kochen, dabei einmal umdrehen.

Serviervorschläge: Mit Marinara-Dip servieren.

Tipps zur Zubereitung und zum Kochen: Sie können die Mozzarella-Häppchen auch im Voraus zubereiten und einfrieren. Vor dem Servieren an der Luft frittieren.

Würzige Kichererbsen

Zubereitungszeit: 5 Minuten

Kochzeit: 10 Minuten

Portionen: 4

Zutaten:

- 15 oz. Kichererbsen in Dosen, gespült und abgetropft
- 1 Esslöffel Olivenöl
- 1 Teelöffel Chilipulver
- 1 Teelöffel gemahlener Kreuzkümmel
- ½ Teelöffel Cayennepfeffer
- Salz nach Geschmack

Methode:

1. Die Kichererbsen mit Öl bestreichen.
2. Mit Chilipulver, Kreuzkümmel, Cayennepfeffer und Salz würzen.
3. In die Air-Crisp-Schale geben.
4. Drücken Sie die Funktion "Air Crisp".
5. Bei 390 Grad F für 10 Minuten kochen, dabei ein- oder zweimal umrühren.

Serviervorschläge: Vor dem Servieren oder Aufbewahren abkühlen lassen.

Tipps für die Zubereitung & das Garen: Überfüllen Sie die Air-Crisp-Schale nicht.

Naan Pizza

Zubereitungszeit: 5 Minuten
Kochzeit: 5 Minuten
Portionen: 1

Zutaten:

- Kochspray
- 1 Naan-Brot
- ¼ Tasse Pesto
- ½ Tasse Babyspinat, gekocht
- ½ Tasse Kirschtomaten, in Scheiben geschnitten
- 1 Tasse Mozzarella-Käse

Methode:

1. Besprühen Sie Ihr Air-Crisp-Tablett mit Öl.
2. Verteilen Sie das Pesto auf dem Naan-Brot.
3. Mit Spinat und Tomaten belegen.
4. Streuen Sie den Käse darüber.
5. Geben Sie die Naan-Pizza auf das Air-Crisp-Tablett.
6. Wählen Sie die Einstellung "Air Crisp".
7. Kochen Sie bei 350 Grad F für 7 Minuten.

Serviervorschläge: Mit frischen Kräutern garnieren.

Tipps zur Zubereitung & zum Kochen: Sie können auch Pizzasauce anstelle von Pesto verwenden, wenn Sie möchten.

Chili-Käse-Pommes

Zubereitungszeit: 5 Minuten

Kochzeit: 14 Minuten

Portionen: 6

Zutaten:

- 1 Packung gefrorene Pommes frites
- Salz und Pfeffer nach Geschmack
- 15 oz. Chili
- ½ Tasse Käse, geraspelt

Methode:

1. Geben Sie Pommes frites in die Air-Crisp-Schale.
2. Wählen Sie die Einstellung für die Luftzufuhr.
3. Stellen Sie die Temperatur auf 400 Grad ein.
4. Stellen Sie die Zeit auf 15 Minuten ein.
5. Wenden Sie die Pommes frites nach der Hälfte der Garzeit.
6. Geben Sie das Chili und den Käse in eine Pfanne bei mittlerer Hitze.
7. Verteilen Sie die Mischung über die Pommes frites.

Serviervorschläge: Vor dem Servieren mit saurer Sahne bestreichen.

Zubereitung & Kochtipps: Sie können für dieses Rezept auch selbstgemachte Pommes frites verwenden.

Gebackene Kartoffelröllchen

Zubereitungszeit: 10 Minuten
Kochzeit: 18 Minuten
Portionen: 8

Zutaten:

- 2 große Kartoffeln, in dicke Scheiben geschnitten
- Kochspray
- Salz und Pfeffer nach Geschmack
- 1 Tasse Käse, geraspelt
- 4 Scheiben Speck, knusprig gebraten und zerbröselt

Methode:

1. Geben Sie die Kartoffeln in die Air-Crisp-Schale.
2. Sprühen Sie den oberen Teil mit Öl ein.
3. Mit Salz und Pfeffer bestreuen.
4. Wählen Sie die Einstellung für die Luftzufuhr.
5. Frittieren Sie die Kartoffeln bei 370 Grad F für 7 bis 8 Minuten pro Seite.
6. Aus dem Gerät entfernen.
7. Jede Kartoffel mit Käse und Speckstücken belegen.
8. Weitere 2 Minuten an der Luft braten oder bis der Käse geschmolzen ist.

Serviervorschläge: Mit saurer Sahne servieren.

Zubereitungs- und Kochtipps: Verwenden Sie Russet-Kartoffeln.

Kapitel 9: Dessert-Rezepte

Apfelkuchen

Zubereitungszeit: 20 Minuten

Kochzeit: 12 Minuten

Portionen: 8

Zutaten:

- 8 Teelöffel brauner Zucker
- 4 Esslöffel Kristallzucker
- 2 Teelöffel gemahlener Zimt
- 1 ½ Teelöffel Zitronensaft
- 4 Äpfel, in dünne Scheiben geschnitten
- Prise Salz
- 1 Packung Keksteig
- Kochspray

Methode:

1. Zucker und Zimt in einer Schüssel mischen.
2. Nehmen Sie 1 ½ Esslöffel dieser Mischung und geben Sie sie in eine andere Schüssel.
3. Zitronensaft, Äpfel und Salz einrühren.
4. Mischen Sie es, bis es vollständig kombiniert ist.
5. Rollen Sie den Teig aus und teilen Sie ihn in kleinere Stücke.
6. Jedes Stück mit der Apfelmischung belegen.
7. Legen Sie ein weiteres Stück darüber und drücken Sie die Ränder zusammen, um sie zu verschließen.
8. Auf den Grillrost legen.
9. Wählen Sie die Grilleinstellung.
10. Stellen Sie ihn auf niedrig.
11. Stellen Sie die Zeit auf 9 Minuten ein.

12. Drücken Sie Start zum Vorheizen.
13. Grillen Sie für 6 Minuten pro Seite.

Serviervorschläge: Mit Vanilleeis servieren.

Tipps zur Zubereitung und zum Kochen: Verwenden Sie vorgefertigten Plätzchenteig

Apfelkuchen

Zubereitungszeit: 15 Minuten

Kochzeit: 20 Minuten

Portionen: 6

Zutaten:

- 1 Tasse brauner Zucker
- 3 Eier, verquirlt
- 1 Tasse Äpfel, gewürfelt
- 1 Tasse Allzweckmehl
- Kochspray

Methode:

1. Mischen Sie Eier und Zucker in einer Schüssel.
2. Das Mehl unterheben und gut mischen.
3. Rühren Sie die Äpfel unter.
4. Besprühen Sie Ihre Kuchenform mit Öl.
5. Gießen Sie die Mischung in die Kuchenform.
6. Platzieren Sie das Gerät im Inneren.
7. Stellen Sie es zum Backen ein.
8. Kochen Sie bei 320 Grad F für 15 bis 20 Minuten.

Serviervorschläge: Mit Ahornsirup beträufeln.

Tipps zur Zubereitung und zum Kochen: Verlängern Sie die Garzeit, wenn der Kuchen nicht ganz durchgebacken ist.

Butterkuchen

Zubereitungszeit: 10 Minuten
Kochzeit: 12 Minuten
Portionen: 6

Zutaten:

- 14 oz. Keksbutter
- 3 Eier, verquirlt
- ¼ Tasse Kristallzucker
- Kochspray

Methode:

1. Mikrowelle Keksbutter für 90 Sekunden, alle 30 Sekunden umrühren.
2. Geben Sie die Keksbutter, die Eier und den Zucker in eine Schüssel.
3. Besprühen Sie eine kleine Backform mit Öl.
4. Gießen Sie den Teig auf die Backform.
5. Bei 320 Grad F 10 Minuten lang an der Luft braten.

Serviervorschläge: Vor dem Aufschneiden und Servieren abkühlen lassen.

Tipps zur Zubereitung und zum Garen: Verlängern Sie die Garzeit, wenn sie nicht ganz durch ist.

Schokoladen-Chip-Kekse

Zubereitungszeit: 5 Minuten

Kochzeit: 15 Minuten

Portionen: 12

Zutaten:

- 15 oz. gelbe Kuchenmischung
- ¼ Tasse Butter, geschmolzen
- 2 Eier, verquirlt
- 1 Tasse Schokoladenchips

Methode:

1. Kombinieren Sie alle Zutaten in einer Schüssel.
2. Formen Sie aus der Masse Kekse.
3. Geben Sie die Kekse in die Air-Crisp-Schale.
4. Wählen Sie die Funktion "Backen".
5. Backen Sie bei 330 Grad F für 15 Minuten.

Serviervorschläge: Vor dem Servieren abkühlen lassen.

Tipps zur Zubereitung und zum Kochen: Verwenden Sie halbsüße Schokoladenchips.

Blondies

Zubereitungszeit: 15 Minuten
Kochzeit: 15 Minuten
Portionen: 4

Zutaten:

- Kochspray
- 6 Esslöffel Butter, geschmolzen
- 2 Eigelb
- 1 Tasse brauner Zucker
- Salz nach Geschmack
- 1 Teelöffel Vanilleextrakt
- 1 Teelöffel Backpulver
- 1 Tasse Allzweckmehl
- 1 Tasse Karamell-Chips
- ½ Tasse Pekannüsse, gewürfelt

Methode:

1. Besprühen Sie eine kleine Backform mit Öl.
2. Mischen Sie in einer Schüssel die Butter, die Eigelbe, den braunen Zucker, das Salz und die Vanille.
3. Rühren Sie das Backpulver und das Mehl ein.
4. Das Mehl und das Backpulver unterheben.
5. Gießen Sie sie in die Pfanne.
6. Stellen Sie die Schale in das Gerät.
7. Wählen Sie die Funktion "Backen".
8. Backen Sie bei 320 Grad F für 15 bis 20 Minuten.

Serviervorschläge: Vor dem Schneiden und Servieren abkühlen lassen.

Tipps zur Zubereitung und zum Kochen: Stecken Sie einen Zahnstocher in den Blondie. Wenn er sauber herauskommt, bedeutet dies, dass der Blondie vollständig durchgebacken ist.

Kapitel 10: 30-Tage-Mahlzeitenplan

Tag 1

Frühstück: Tater Tot Eierauflauf

Mittagessen: Gegrilltes Steak mit Spargel

Abendessen: Mahi & Salsa

Tag 2

Frühstück: Frühstückskuchen

Mittagessen: Cheeseburger

Abendessen: Shrimp Tacos

Tag 3

Frühstück: French Toast Sticks

Mittagessen: Gegrilltes Steak & Salat

Abendessen: Lachs mit Zitrone & Dill

Tag 4

Frühstück: Frühstück Auflauf

Mittagessen: Schmorbraten

Abendessen: Zitronen-Senf-Fisch

Tag 5

Frühstück: Quiche

Mittagessen: Steak & Kartoffeln

Abendessen: Shrimp Bang

Tag 6

Frühstück: Frühstück Burrito

Mittagessen: Barbecue Rindfleisch Short Ribs

Abendessen: Gebratene Muscheln

Tag 7

Frühstück: Avocado Toast

Mittagessen: Italienische Frikadellen

Abendessen: Shrimp Tempura

Tag 8

Frühstück: Buttermilch-Pfannkuchen

Mittagessen: Roastbeef mit Chimichurri

Abendessen: Knoblauch-Butter-Garnele

Tag 9

Frühstück: Gebackene Käse-Eier

Mittagessen: Knoblauch-Steak mit Sahne-Meerrettich

Abendessen: Schwertfischfilet mit Salsa

Tag 10

Frühstück: Wurstpasteten

Mittagessen: Steak mit Parmesankruste

Abendessen: Thunfisch-Burger

Tag 11

Frühstück: Tater Tot Eierauflauf

Mittagessen: Gegrilltes Schweinefilet mit Gemüse

Abendessen: Kürbis mit Ahornglasur

Tag 12

Frühstück: Frühstückskuchen

Mittagessen: Gebratene Schweineschnitzel & Kartoffeln

Abendessen: Veggie Fladenbrot

Tag 13

Frühstück: French Toast Sticks

Mittagessen: Schweinefleisch-Sandwich

Abendessen: Mexikanischer Mais

Tag 14

Frühstück: Frühstück Auflauf

Mittagessen: Schweinefilet im Speckmantel

Abendessen: Gebratene Kartoffeln & Spargel

Tag 15

Frühstück: Quiche

Mittagessen: Wurst & Paprika

Abendessen: Zitronen-Pfeffer-Rosenkohl

Tag 16

Frühstück: Frühstück Burrito

Mittagessen: Honig glasierter Schinken

Abendessen: Gebratene Tomaten mit Balsamico und Kräutern

Tag 17

Frühstück: Avocado Toast

Mittagessen: Bratwürste

Abendessen: Kürbis mit Thymian & Salbei

Tag 18

Frühstück: Buttermilch-Pfannkuchen

Mittagessen: Aprikosen-Schweinekoteletts

Abendessen: Knoblauch-Möhren

Tag 19

Frühstück: Gebackene Käse-Eier

Mittagessen: Panierte Schweinekoteletts

Abendessen: Zucchini Beignets

Tag 20

Frühstück: Wurstpasteten

Mittagessen: Schweinelendchen

Abendessen: Büffel-Blumenkohl

Tag 21

Frühstück: Tater Tot Eierauflauf

Mittagessen: Honig-Senf-Huhn

Abendessen: Büffel-Blumenkohl

Tag 22

Frühstück: Frühstückskuchen

Mittagessen: Spicy Ranch Fried Chicken

Abendessen: Mahi & Salsa

Tag 23

Frühstück: French Toast Sticks

Mittagessen: Zitronen-Senf-Huhn

Abendessen: Zucchini Beignets

Tag 24

Frühstück: Frühstück Auflauf

Mittagessen: Gebratenes Huhn mit Kräutern

Abendessen: Shrimp Tacos

Tag 25

Frühstück: Quiche

Mittagessen: Huhn Teriyaki

Abendessen: Knoblauch-Möhren

Tag 26

Frühstück: Frühstück Burrito

Mittagessen: Cajun Huhn

Abendessen: Shrimp Bang

Tag 27

Frühstück: Avocado Toast

Mittagessen: Paprika Huhn

Abendessen: Kürbis mit Thymian & Salbei

Tag 28

Frühstück: Buttermilch-Pfannkuchen

Mittagessen: Hähnchen gefüllt mit Kräutern & Frischkäse

Abendessen: Gebratene Muscheln

Tag 29

Frühstück: Gebackene Käse-Eier

Mittagessen: Honig-Sriracha-Hühnchen

Abendessen: Gebratene Kartoffeln & Spargel

Tag 30

Frühstück: Wurstpasteten

Mittagessen: Barbecue Huhn

Abendessen: Schwertfischfilet mit Salsa

Fazit

Die Begeisterung, das ganze Jahr über leckere Sommer-Grillrezepte im Haus zubereiten zu können, wird Sie nicht mehr loslassen!

Aber denken Sie daran, Planung ist der Schlüssel, um das Beste aus dieser Gelegenheit zu machen, traditionelle Grillgerichte mit den gleichen herrlichen Grillspuren und dem ausgeprägten Sommeraroma zuzubereiten, aber ohne das übliche Aufheben und Aufräumen.

Dieses Buch mit Rezepten, die Sie mit dem Ninja Foodie Smart XL Grill zubereiten können, ist sicherlich eine große Hilfe.

Damit können Sie die Gerichte mischen und zusammenstellen und sich Ihre Lieblingspaarungen für den Rest des Jahres ausdenken.

www.ingramcontent.com/pod-product-compliance
Lightning Source LLC
Chambersburg PA
CBHW082040080526
44578CB00009B/758